JN195228

お墓からの招待状

―怪異・珍奇・面白墓めぐり―

合田 一道
Ichido Gouda

北海道
出版企画センター

この本を手にした方へ〜はじめにかえて

歴史物の取材をしていると、しばしば不思議な墓や思いがけない墓に出合い、そのたびに驚かされる。なかには絶対にあり得ないと思われる墓まで現存するのに肝をつぶしたりした。

分類してみると、①は、実在の人物だが、脚色されてなにが実像なのかわからない人物の墓。ここでは一心太助と大久保彦左衛門、お岩、遠山の金さん、石川五右衛門、鼠小僧次郎吉…。②は、創作により生まれた架空の人物の墓で、代表的なのが銭形平次。作家仲間が架空の人物と承知で建立したものなのに、平次の墓と信じて参詣する人が多い。

③は、実在の人物に物語が付加されて出来上がった人物の墓。黄門さまと助さん、格さんがそれに当たる。実際に歩いていない土地にまで漫遊させてお茶の間の人気者になった。清水次郎長は後年、出版された読み物により〝街道一の親分〟にのし上がり、子

分とともに立派な墓が建った。
白波五人男は弁天小僧を中心に大暴れするが、墓があるのは実在した日本左（駄）衛門だけ。弁天小僧らはじめほかの人物は全部創作なので、当然、墓はない。

④は、そうかなと首をひねってしまう物語の主人公の墓だが、浦島太郎の墓も、桃太郎の墓も、かぐや姫の竹取りの翁の墓も、酒呑童子の墓も、現存するのである。これは絶対にあり得ないと断言できる人物の墓。遠い外国の人物のキリスト、揚貴妃…といった人物の墓まで、わが国内に存在するのには仰天した。

というわけで、全国各地にある不思議な墓や意外な墓を取材してまとめたのが、この本である。一読していただき、面白いなと感じた墓があったら招待状（本）を片手に、一度訪ねていただきたい。そこには虚実ない混ぜになった日本の精神文化を実感するに違いない、と思う。

平成二十九年春　　　　著　者

お墓からの招待状　目次

第四章　架空の主人公の墓

第五章　別世界に現れる人物の墓

第六章　おもしろ人物の墓

第七章　おとぎ話の墓

第八章　昔話を彩る鳥獣の墓

表紙及びさし絵　下山　光雄

第一章　虚実混在の人物の墓

一心太助と大久保彦左衛門

一心太助と大久保彦左衛門の墓：立行寺　東京都港区白金2―2―6
アクセス：地下鉄三田線白金高輪駅3番出口徒歩2分

天下の悪を懲らしめる

江戸っ子といったら、なんたって一心太助だ。神田三河町の魚屋で、腕に「一心如鏡」の彫り物をし、威勢がよくて喧嘩早い。「江戸っ子は五月の鯉の吹き流し」というが、腹の中は天空を泳ぐ鯉のようにきれいさっぱり。それが江戸っ子気質というものだ。

この一心太助が、洒脱で正義感と反骨精神を持ち合わせた老人、大久保彦左衛門とコンビを組んで、悪者をやっつける。講談や芝居、映画に出てくるストーリーはいつも同じ。悪者はたいていが権力をカサに着た大名か役人で、善良な町人が苦しめられているのを聞いた太助が憤慨して抵抗したあげく、ご注進に及ぶ。怒った彦左が乗り出して、鮮やかに事件を解決する。

でも相手が大藩の藩主だったり、幕府の閣僚だったりすると、そうはいかない。すると彦左は、大盥に乗って江戸城へ赴き、徳川家康から与えられた〝天下のご意見番〟

立 行 寺
（東京都港区）

なる特権を振るって三代将軍家光に直談判に及び、悪者どもを懲らしめる。胸がすかっとする筋書きだから、庶民は拍手喝采、人気は高まるばかり。

彦左がなぜこんな特権を持ったのかというと、十三歳で鳶（とび）の巣文珠山（すもんじゅやま）の戦いで一番槍の初手柄を立てて以来、しばしば合戦場に赴き、数々の手柄を立てた。その身に負った刀・槍傷は三十八カ所。大坂冬・夏の陣では槍奉行を務め、家康が茶臼山本陣にいて真田幸村率いる一隊に襲われた時、身を挺して家康を守り抜いた。

だから天下を取った家康は、彦左にだけは格別の意識を抱いていた。臨終に際して枕辺に呼び寄せ、「彦左のわがまま無礼は生涯許す事。将軍に心得違いあらば意見せしむる事」と遺言した。相手が例え将軍であろうと、政道にはずれたなら厳しく意見せよ、と命じたのである。神君家康の遺命なのだから、将軍も、老中も、心して聞かねばならない。彦左衛門は実在の人物で、実録本『大久保武蔵鐙（むさしあぶみ）』には、正義と頑固一徹ぶりが記されている。その政談の中に冤罪事件を解決した一心太助の話が書かれている。

松前屋五郎兵衛という者が身に覚えのない罪を着せられ、同心に召し捕られた。これを知った太助は、五郎兵衛を助けようと駿河台の彦左の屋敷に駆け込む。太助は無礼者として庭先に回され、手討ちになろうとした時、彦左が太助の心意気を知り、話を聞く。

大久保彦左衛門の墓
（立行寺：東京都港区）

先日、二、三人の武士が泥酔して商家に入って乱暴した。武芸の心得のある五郎兵衛が見かねて取り抑えたので評判が高まり、弟子

一心太助の墓
（立行寺：東京都港区）

入りする者まで現れた。近所の旗本がそれに嫉妬し、五郎兵衛を呼んで試合をしたところ、打ち負かされた。

逆恨みした旗本は、屋敷の小者に言い含めてわざと体に傷をつけ、「武芸におごる五郎兵衛が夜ごと町に出て刀を振り回している。私も切られて負傷した」と町奉行に届け出た。五郎兵衛は捕らえられて、死罪を言い渡されるが、不審を抱いた太助の調べで真相が明らかになり、憤慨して彦左邸へ……。真犯人は逮捕され、五郎兵衛は無罪放免になる。

〝天下のご意見番〟と〝正義の太助〟の存在はやがて小気味よい物語になり、それが次第に粉飾されて、庶民の拍手喝采を浴びていく。

太助の墓は彦左衛門の菩提寺である東京都港区白金の立行寺にある。墓を覆うあずまやのそばに「一心太助石塔」と記された塔があるので、すぐわかる。墓石の正面と側面に「一心放光　延宝二年十二月廿三日　サカナヤ太助事　施主松前屋五郎兵衛」と刻まれており、冤罪から救われた五郎兵衛が建立したものとわかる。戒名の一心放光は、僧侶が彫り物の「一心如鏡」からつけたものと推察できる。

大久保彦左衛門忠教頌徳碑
（立行寺：東京都港区）

彦左の墓はここから少し離れたところにある。扉付きの立派なあずまやなので、中をのぞくことはできない。昭和二年（一九二七）に建立された「大久保彦左衛門忠教頌徳碑」のそばに小さな「一心太助碑」が安置されているのが、何とも微笑ましく感じた。

大岡越前守忠相（おおおかえちぜんのかみただすけ）

大岡越前守の墓：浄見寺（じょうけんじ）：神奈川県茅ヶ崎市堤4317
アクセス：茅ヶ崎駅北口～湘南ライフタウン行「堤坂下」徒歩10分
端輪寺（ずいりんじ）　東京都台東区谷中4―2―5
アクセス：JR山手線日暮里駅南口徒歩12分

喝采を呼ぶ〝大岡裁き〟

江戸の名奉行といわれたのが大岡越前守忠相（ただすけ）。白州で犯人を取り調べて判決を下す場面は、凛とした威厳に満ちている。

「以上により罪は明白。よって余罪ことごとく吟味のうえ、厳しく処断するであろう」

びしっと言い渡す。その判断の陰には、同心らの捜査により入手した確実な証拠が握られている。相手は何も言えずに屈伏する。

町人の訴えによる民事事件などは越前の独壇場だ。訴人と論人、つまり原告と被告の意見を十分聞いた上で、双方が納得のいく裁断を下すのである。たとえば若者が三両拾って喜んでいたら落とし主が現れた。正直に返そうとすると、落とし主は、落としたものだから貰えないという。双方、意地の張り合いになり、奉行所へ訴え出た。越前は、ならばこうしようと、懐から一両取り出し、双方に二両ずつ与えた。人情のこもった鮮

浄　見　寺
（神奈川県茅ヶ崎市）

やかな〝大岡裁き〟に、さすがに突っ張っていた二人も、感謝して頭を下げ一件落着。

こんな裁きもあった。ある魚屋が八つの寺に魚を売ったが、代金を払って貰えず、奉行所に訴え出た。越前は魚屋に売り掛けのすべてを書かせて帰し、翌日、八つの寺の僧を呼んだ。ところが越前はなかなか顔を見せない。夕方まで待たされた僧は、この間に小用に便所へ行くと、壁に魚屋が書いた寺ごとの未払い代金を示す紙が貼ってある。そのうち役人から「奉行は本日、不快なので出廷しない」と告げた。いずれも心当たりのある僧らは帰宅するなり、魚屋に代金を払ったので、不問となった。

越前が名奉行の素地を見せたのは、後に八代将

大岡越前守の墓
（浄見寺：神奈川県茅ヶ崎市）

軍になる紀伊徳川藩主三男、吉宗との出会いだ。越前は徳川家譜代の家臣の子に生まれ、幼いころに同属の大岡忠真の養子になり、家督を継いだ。録高一九〇〇石。書院番、御徒頭を経て伊勢山田の奉行になった。

たまたま〝殺生禁断の海〟で漁をしている吉宗を越前が見つけて捕り抑えた。吉宗は身分を明かして処分を逃れようとしたが、越前は「詐称している」として取り上げず、逆に吉宗の名が表面に出ることを防いだ。これは吉宗の若いころの無頼ぶりと越前の公正さを表す伝承といわれるが、この時期に二人が出会ったのは間違いない。吉宗がこの判断を評価して越前を江戸の町奉行に任じたのも事実である。異例の抜擢といわれた。

越前守を名乗ったのはこの時からで、以後、人情の機微をとらえた裁きで、名奉行の名をほしいままにする。

「大岡政談もの」と呼ばれる読み物は『大岡忠相比事』『大岡政要記』など数多く、天一坊事件の裁きなど、さすが越前と思わせる。しかし調べていくと年代の合わないものや、別の奉行の裁きもあって、越前が裁いたのは「白子屋お熊」事件だけといわれる。

大岡越前守生誕三一二年記念碑
（浄見寺：神奈川県茅ヶ崎市）

物語の元になったのは古くは『棠陰比事（どういんこのこと）』（慶安四年）や井原西鶴の『本朝桜陰比事（ほんちょうおういんひじ）』（元禄二年）などの仮名草子、浮世草子から。後年は曲亭馬琴の『青砥藤綱模稜案（あおとふじつなもりょうあん）』（文化九年）など、多くの書が用いられている。それが時代を追って内容が膨らみ、幕末になると歌舞伎、講談、小説となった。戦後は片岡千恵蔵や加藤剛らの俳優によって映画やテレビ化され、人びとを喝采の渦に巻き込んでい

大岡越前守の墓
（端輪寺：東京都台東区谷中）

ったのである。

そして現代……、裁判は大きく変化した。裁判員裁判の制度ができ、国民も審理に加わるようになったが、庶民の意向が上級審に届くのはなかなか難しいようだ。

越前の墓は、神奈川県茅ヶ崎市の浄見寺にある。石柱に囲まれた中に建つ立派な宝塔の墓である。近くに供養塔が建っていて、正面に「延宝丁巳五年元旦　大岡忠相公御生誕三百十二年記念　平成己巳元年己巳五月己巳九日」と刻まれている。

東京都中野区上高田の功運寺から昭和三十五年に移設された。

東京都台東区谷中の端輪寺にも墓がある。黒く重々しい感じの墓で、正面に本人と妻、子息の忠宣と妻の戒名が並んで刻まれている。

遠山の金さん（金四郎景元）

サクラ吹雪の刺青さらし

遠山金四郎景元の墓：本妙寺（ほんみょうじ）　東京都豊島区巣鴨5―35―6
アクセス：地下鉄三田線西巣鴨駅8分／JR巣鴨駅10分

〝遠山の金さん〟といえば、白州の上座から長袴の裾を引きつつ、片肌脱いで「このサクラ吹雪が目に入らぬか」と彫り物を見せて見栄を切る。映画やテレビで見るこの場面は圧巻である。

金さんは本名遠山金四郎景元（かげもと）。江戸後期の町奉行で、北町奉行から大目付に転じ、弘化二年（一八四五）、南町奉行になった……、と書いただけなら、とくに印象に残る人物とはなるまい。実はこの陰に、養子縁組と実子誕生というややこしい話が絡んでいて、それが大ウケの原因になったといったら、何とする？

金さんこと景元の父は長崎奉行だったが、長い間、子に恵まれず、景安という子を養子に貰った。ところが間もなく景元が生まれた。景安が家督を継ぎ、景元は旗本の次男として暮らす。だが家督を継いだ景安も子に恵まれず、景元を準養子にしたところ、実子が生まれるという悲喜劇が続いた。

さて、旗本の次男になった金さんこと景元の方だが、文化十一年（一八一四）、堀田伊勢守の妹と結婚するが、ここから文政八年（一八二五）、西の丸小納戸衆に召し出されるまで十一年間の消息がまったく不明なのだ。どうやら複雑な親子兄弟関係が原因で、結婚を機に家を出たものらしい。旗本の次三男は、家督も継げないまま遊び惚ける者が多かったというから、景元も放蕩無頼な暮らしの中で、刺青を彫ったのであろう。

そんな景元が突然、実家に呼び戻され、北町奉行に任じられる。その背景に何があったのか。記録もないので定かでないが、お家の事情が絡んでいたのだけは事実であろう。

奉行になった景元は、それまでの市井の体験を生かして世情に通じる裁きをしたので、名奉行といわれた。たが彫り物を隠すのに常に長袖の下着を着用し、真夏にも脱がなかずに過ごしたというから、大変な苦痛であったのは想像に難くない。

この景元を〝遠山の金さん〟に仕立てあげたのが二代目松林伯円である。でも最初のうちは本人が生存していたので、事件そのものへの興味に重点が置かれた。たとえば吉原遊廓の遊女の放火事件はこうである。

遠山金四郎景元の墓
（本妙寺：東京都豊島区巣鴨）

遊女白菊は母親の医薬代十両を貸してほしいと楼主に頼むが、逆に折檻された。白菊はふらふらと倒れたはずみに行灯を倒し、火事騒ぎになり、放火犯として訴えられた。

楼主らの苛酷な扱いをよく見聞きしていた景元は、一同を白州に呼び出し、楼主らの非道を厳しく叱り、楼主に医薬代を貸し与えるようにしたうえ、白菊に遠島を申し渡した。白菊が「遠島の身ではとても借金の返済はできない」と述べると、景元は「返金は年に二分ずつ、刑の執行は返済が全部終わってからでよい」と実質は執行猶予を宣告した。

ここにはサクラ吹雪の彫り物も、威勢のいい啖呵もない。だが景元の権力に対する厳しさと、庶民を見る目の優しさが明確に出ている。

景元が奉行を辞め、亡くなったのは三年後の安政二年（一八五五）。これを境に遠山の金さん像が様変わりする。妾の子に生まれた金さんが、正妻の生んだ弟に家督を継がせようと自ら市井に潜む。様々な人々と触れ合い、事件に巻き込まれながら、人情溢れる人間になっていき、やがて奉行として勧善懲悪の名裁きを見せるという内容である。

世情に通じた名奉行のイメージを決定づけたのは、講談『いれずみ奉行』（講談社名作文庫）であろう。これが戦後の復興期に、爆発的に起こった映画ブームの中、片岡千恵蔵主演で映画化されて、遠山の金さんは〝国民的英雄〟になっていく。

金さんの墓は東京都豊島区巣鴨の本妙寺にある。五輪塔造りの重厚な墓で、そばに立つ標識の「名奉行遠山金四郎」の文字が誇らしげに見える。

荒木又右衛門

荒木又右衛門の墓：玄忠寺(げんちゅうじ)：鳥取県鳥取市新品治町１７６
アクセス：ＪＲ鳥取駅、徒歩約15分

鍵屋の辻で三十六人斬り？

荒木又右衛門といえば「鍵屋の辻」の決闘の三十六人斬りが有名だが、本当にそんなに斬ったのか？　という思いを抱く。まず最初に決闘の原因だが、これ、男色のもつれから、というから意外な感に打たれる。

備前岡山藩の渡辺数馬の弟、源太夫は十七歳。水もしたたる美少年で、藩主池田忠勝(ただかつ)の寵愛を受けていた。この美少年に〝横恋慕〟したのが藩士の河合又五郎という十九歳の若者。殿の寵童に手を出したのだから、源太夫は冷たくあしらった。

寛永七年（一六三〇）十月二十一日、又五郎は憤懣を爆発させ、源太夫を斬り殺した。藩主は激怒し、家臣を河合家に急行させたが、又五郎をすでに逃亡した後だった。

江戸に逃れた又五郎は、旗本を頼って身を隠した。このころ大名と旗本の反目が目立っていた。又五郎の消息を知った岡山藩主は、他の旗本を介して又五郎の引き渡しを頼んだ。だが旗本側は頑として拒否した。

一年経過してもラチが明かず、岡山藩主は幕府に提訴し、裁断を仰いだ。藩主の妹婿の伊達忠宗や甥の池田光政らが後押しした。幕閣が仲裁に乗り出したが、まとまらない。

寛永九年（一六三二）四月、岡山藩主は天然痘に罹かり三十一歳で亡くなるが、死の床で「何としても又三郎を討て」と遺言した。藩主の嫡子がまだ三歳だったので、幕府は岡山藩と鳥取藩を交換転封させた。そして旗本家にいる又三郎に「江戸追放」を命じた。

源太夫の兄の数馬は、剣の達人である大和郡山藩の剣術指南役の荒木又右衛門を訪ね、弟の仇討ちの援護を頼んだ。姉の夫で義兄に当たる又右衛門は、即座に同意し、郡山藩を退いた。この時、門弟の河合武右衛門と岩本孫右衛門が助太刀のため数馬に同行した。

ところが奇妙な因縁といおうか、同じ郡山の剣術指南役の河合甚左衛門という人が又三郎の伯父に当たり、又三郎が叔父を頼って同家に逃げ込んだのである。甚左衛門は助太刀のため藩を退いた。

翌寛永十一年（一六三四）十一月六日、又五郎らは再び旗本を頼って江戸へ向かおう

荒木又右衛門の三十六人斬り、「伊賀越仇討之図」
（文化デジタルライブラリー　日本芸術文化振興会）

と奈良を出立した。一行は又五郎のほか伯父の甚左衛門はじめ親戚郎党十数人。これを察知した又右衛門は四人を連れ、七日早朝、伊賀上野の三叉路で待ち伏せした。辻に茶屋の万屋と鍵屋があり、「鍵屋の辻」と呼ばれていた。

辰の刻（午前八時）、又五郎一行が馬に乗って通りがかった。先頭の物見役をやり過ごしてから、又右衛門が「かかれっ」と叫んで路上に飛び出すなり、馬上の甚左衛門の片足をはね上げて落馬させ、袈裟がけに斬り下ろした。甚左衛門は絶命。

又右衛門は身をひるがえして門弟二人が斬り結ぶ方へ駆けつけ、相手を横殴りに斬りつけた。小者が木刀で又右衛門の腰を叩いてので、払おうとして振るった太刀が鍔元五寸（約十五センチメートル）のところから折れた。すぐ小太刀を抜いたので、小者たちは逃げた。

最後は数馬と又五郎の仇討ち対決となったが、どちらも武術が未熟で戦いにならず、午の下刻（午後一時）、数馬がやっと又五郎を討ち果たして本懐を遂げたのだった。

荒木又右衛門の墓
（玄忠寺：鳥取市新品治町）

この決闘で又五郎方は死者四人、負傷三人。数馬方は死者が河合甚右衛門一人、負傷二人。又右衛門が斬ったのは二人だけ。

ところが又右衛門の三十六人斬りが喧伝されることになる。講釈師が二人斬ったところで「まずはこれまで」とやったところ、常連の客が楽屋にやってきて、「明日は何人斬るか楽しみだ」と言った。そこで翌日、人数を増やしたみると大受けしたので、「義による助太刀だからいいだろう」と水増しを重ねて、とうとう三十六人斬りになったという。

又右衛門はこうして剣のスーパーマンになり、鳥取藩主池田光政に仕えるが、着いて十八日目に急死した。四十一歳だった。死因はわからない。そのせいか、実際は生きているのに、死を装って匿われているといわれた。

墓は鳥取市の玄忠寺にある。どっしりとした大きな自然石の墓で、剣豪にふさわしい風格をたたえているが、脚色された人物像を知ってしまうと、なぜか気の毒な心境になってしまう。

岩見重太郎（薄田隼人）

人身御供の娘を救う

薄田隼人の墓：増福寺　大阪市天王寺区生玉寺町5—24
アクセス：地下鉄千日前線谷町9丁目駅徒歩10分
一夜官女の乙女塚：住吉神社境内　大坂市西淀川区野里1—15—12
アクセス：JR塚本駅南西へ500メートル
薄田隼人の墓：大阪府羽曳野市誉田7—679
アクセス：近鉄南大阪線道明寺駅徒歩15分

岩見重太郎といえば妖怪を退治した武芸者として人気がある。後に薄田隼人（すすきだはやと）と名を変えて大坂夏の陣を戦い、討ち死にしたとされ、大阪府羽曳野市の道明寺付近と大阪市天王寺区増福寺に墓が建っている。岩見重太郎そのものが講談による架空の人物ともいわれ、二人は同一人物でないとの指摘もあるが、とにかく岩見重太郎を訪ねて妖怪退治の舞台へ……。

講談で知られる岩見重太郎は、筑前国小早川家の剣術指南役岩見重左衛門の子で、父を闇討ちにした広瀬軍蔵を求めて仇討ちの旅に出る。諸国巡業中に山賊を懲らしめ、妖怪を退治して人身御供の娘を助ける。そして天正十八年（一五九〇）九月、丹後国宮津でいまは宮津城の剣術指南を勤める広瀬にめぐり合い、助太刀を得てついに討ち果たす。

さて、重太郎の妖怪退治の話だが、諸説があるうち、大坂市西淀川区の野里住吉神社に伝わる「一夜官女」の話を紹介したい。

野里は昔から中津川が氾濫を引き起こし、そのたびに畑は打撃を受けて作物が育たず、悲惨な暮らしをしていた。村人たちは困り果て、占い師に占ってもらったところ、「神の怒りを鎮めねばならぬ。毎年決まった日に無垢の娘を神に捧げよ」とご託宣があった。村人たちはおののきながらも、村が救われるならと承知した。

村の主だった者が夜中に集まり、弓に矢をつがえて放つと、矢は暗い夜空を飛んで一軒の家の屋根に突き刺さった。その家は泣く泣く娘を神に差し出す。

一月十九日の丑三つ時（午前二時）美しく着飾った娘は、唐櫃（かろうど）に入れられ、村人たちに担がれて野里の住吉神社境内まで運ばれ、竜の池のそばに放置された。唐櫃の前には酒、餅、小豆、干し柿、豆腐、大根、それに中津川で捕れたコイ、フナ、ナマズなどが供えられた。

翌朝、夜が明けるのを待って村人たちが境内に行ってみると、唐櫃は破られて娘の姿

薄田隼人の墓
（大阪府羽曳野市誉田）

はなく、供え物は食い荒らされていた。だが不思議なことにその年は雨風も穏やかで、久々に豊作に恵まれた。村人たちは神が生贄に応えてくれたのだと信じた。

　岩見重太郎がこの村にやってきたのは、それから七年目のことだ。話を聞くなり、

「拙者が娘の身代わりになって、神の正体を確かめてやる」

と言い、村人たちの止めるのも聞かず、娘の着物をまとって唐櫃に入り込んだ。

　翌朝早く、村人たちが境内に行ってみると、唐櫃は開いていて付近に血痕が飛び散り、武士の姿はなかった。点々と続く血の跡を辿っていくと、村外れに大きなヒヒが斬られ

て絶命していた。村人たちは「これが神の正体だったのか」と言って悔しがった。

勇猛な武士は岩見重太郎だったといわれ、この武勇はたちまち広がった。野里では悲しい歴史を後世に伝えようと、竜の池そばに「一夜官女の乙女塚」を設け、犠牲になった娘たちの命日の一月十九日に厄除けの「一夜官女祭り」を催すようになった。

祭りは現在、一カ月遅れの二月二十日に催されており、主役も若い女性から七人の幼い女の子に変わった。でも祭りの展開はそのままで、「当家」と呼ばれる家に七人の官女が晴れ着をまとって集合し、別れの宴をしてから、出立する。

「一夜官女の乙女塚」
（住吉神社境内：大坂市西淀川区野里）

　あどけない幼女たちの姿を見ながら、人身御供で犠牲になった女性たちの霊を

薄田隼人の墓（ホームページより）
（増福寺：大阪市天王寺区生玉寺町）

慰めるこの祭りを、尊いものと感じた。

　大阪府羽曳野市誉田の道明寺付近に建つ薄田隼人の墓は、自然石でずっしりと重々しい。かつて道明寺の戦いのあった地域という。

　大阪市天王寺区の増福寺にある墓は末裔が文化十一年（一八一四）、二〇〇回忌に建立した。五輪荅の墓で、側面に建立の経過が刻まれている。それに引き換え岩見重太郎の墓は、いまのところ見当たらない。別人という説もあるが、「一夜官女の乙女塚」に詣でたことで、心に引っかかる何かが、抜けていくような気がして、思わず合掌した。

佐々木小次郎

武蔵との決闘に敗れ

小次郎の墓：山口県阿武郡阿武町福賀
アクセス：ＪＲ山陽本線奈古駅福賀行きバス福田下車15分
佐々木小次郎像：山口県岩国市横山２―４
アクセス：ＪＲ山陽本線岩国駅バス20分

佐々木小次郎といえば、中条流剣術を学び、後に長い太刀の技法を工夫し、「巌流」を編み出した剣客である。後に宮本武蔵との巌流島の果たし合いに敗れ、絶命した。その墓が妻によって山口県阿武郡阿武町に建立されているという。だがその事実を知る人が少ないのは、名を秘したからだという。

その日……、慶長十七年（一六一二）四月十三日、小次郎は宮本武蔵の挑戦を受け、小倉城主の細川忠興の許可を得て、決闘に挑んだ。時刻は辰の刻（午前八時）。小次郎は船島と呼ばれた巌流島に着き、武蔵が来るのを待った。

巳の刻（午前十時）を少し過ぎ、武蔵がやっと姿を現した。戦いの身支度をし、櫂で作った大きな木刀を手に小舟を降りた武蔵は、小次郎に向かい歩を進めた。

小次郎が「武蔵、臆したか」と叫び、物干し竿といわれる長刀を抜き、鞘を海中に投じた。

それを見た武蔵が「小次郎、敗れたり」と大声で叫び、「勝つ者がなぜに鞘を捨てようか」と続けた。

小次郎はかっとなり、刀を真っ向から振り下ろした。武蔵もほぼ同時に木刀を打ち込み、一瞬早く、小次郎の脳天を打ち砕いた。武蔵は鉢巻きを切っただけだった。小次郎はなおも刀を横になで斬ったが、武蔵の木刀がその脇腹をしたたか打ち、小次郎は肋骨を砕かれて絶命した。武蔵は検使に目礼して立ち去った。

以上は細川家ゆかりの豊田氏三代が編纂した『二天記』による巌流島の決闘の顛末である。

だが小次郎ほどの人物の最期なので、さまざまな異説が生まれた。『肥後沼田家記』によると、小次郎は武蔵が引き揚げた後、蘇生した。それを見た武蔵の弟子たちが小次郎を叩き殺した。このため今度は武蔵が小次郎の弟子らにつけ狙われたという。

後年に書かれた『花筏(はないかだ)巌流島』によると、剣客の吉岡民右衛門が娘ともども小次郎に殺され、民右衛門の子で宮本武右衛門という人の養子になっていた武蔵が、仇を求めて旅をした挙げ句、小次郎を討ち果たしたという仇討ち話になっている。

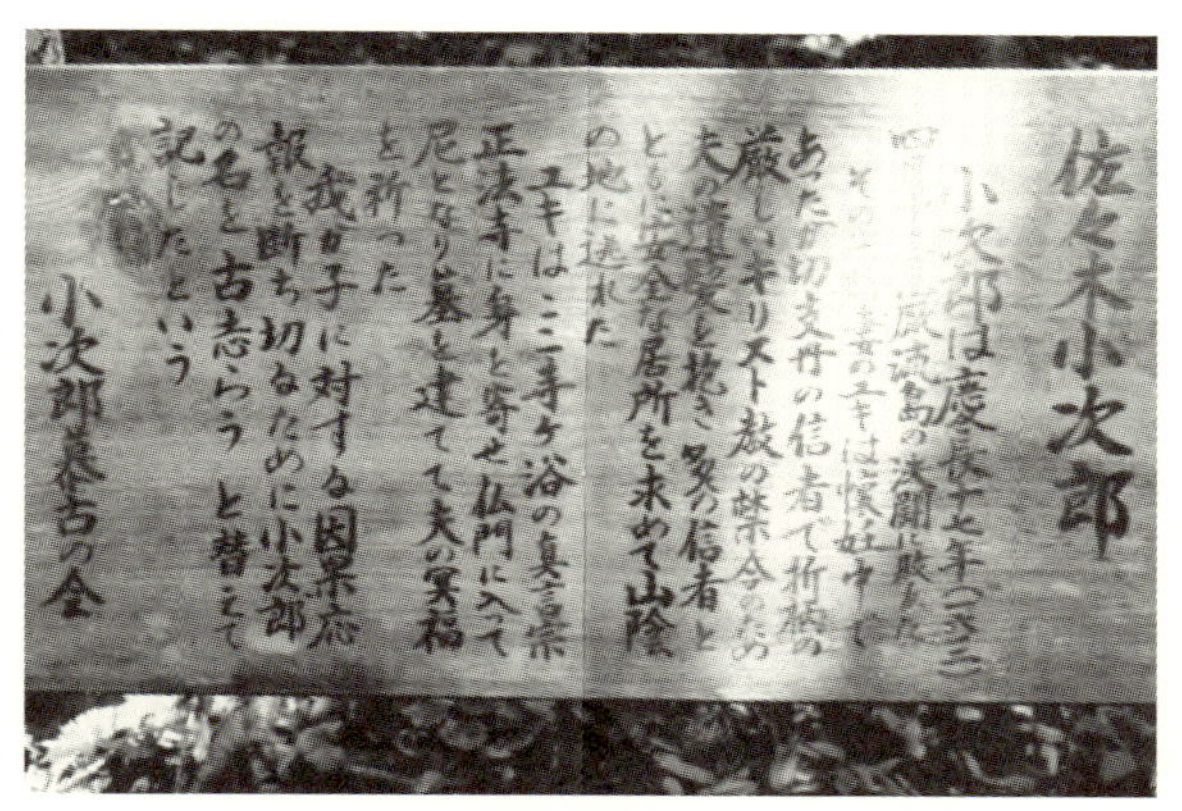

佐々木小次郎の墓を示す表示板
（山口県阿武町福田下）

小次郎が決闘に敗れた時、妻のユキは身籠もっていた。キリシタン信者だったユキは、亡き夫の遺髪を抱いて、多くの信者たちとともに逃れて阿武郡阿武に入り、山深い里の寺ケ沢に建つ正法寺に身を寄せ、尼となった。そして菩提を弔うため墓を建立し、「佐々木古志らう」と刻み、念仏三昧の日々を送ったという。

ユキが住んだ庵は、正法寺が太用寺に移設した跡に建てられたものという。

墓を求めて、萩・石見空港から国道191号の海岸線を萩市に向けて走った。五十キロほどで阿武町に出る。そこから山間の道を辿って福田下に出た。案内板に

佐々木小次郎の墓
「佐々木古志らう」の文字が見える
（山口県阿武町福田下）

従って山道を伝っていくと、ゆるやかな山麓に小さな墓が、石柵に囲まれる形で鎮座していた。

妻ユキは夫の遺骨を抱え、約二百キロの道を経てここまで来たことになる。そばに「小次郎慕古の会」が建てた表示板が見える。福田の地に古くから伝わる小次郎の墓の由来を研究し、後世に伝承するとともに、墓周辺を整備しようと組織された会である。

文面によると「わが子に対する因果応報を断ち切るために小次郎の名を古志らうと替えて記した」とあり、「古志らう」が小次郎であることを示している。キリシタンとして追われる身の妻として、これが最善の方法だったのであろう。小次郎の墓の上段に、キタシタン墓と思わせる墓が建っていて、これが妻の墓を思わせた。

この地方には佐々木姓が多いと聞いたが、あるいは小次郎と何らかの関わりがあるのかもしれない。

小次郎の像は山口県下関市の巌流島をはじめ、福井県福井市浄教寺町の一乗谷前広場など小次郎ゆかりの地に建っている。

佐々木小次郎像
（山口県岩国市）

山口県岩国市の錦帯橋を訪れた時、つばめ返しの秘剣を振るう若き小次郎の銅像に出合い、その颯爽たる姿にしばし立ち止まったものである。

服部半蔵

「半蔵門」の名を残す忍者

服部半蔵の墓：西念寺（さいねんじ）　東京都新宿区若葉2—9
アクセス：地下鉄丸の内線四ツ谷駅徒歩10分
半蔵門：東京都千代田区麹町1丁目
アクセス：地下鉄半蔵門線半蔵門駅徒歩3分

近年はアニメマンガ「忍者ハットリくん」で子どもたちに人気が高い。窮地に落とされても、得意の忍術を使ってどろどろーんと消え、相手をやっつけてしまうのである。痛快このうえない。

でも本物の服部半蔵は石見守正成と称する徳川十六将の一人で、伊賀者の頭目として知られた猛将だった。だから伝えられる物語は、伊賀者集団によるもので、創作されたものが多いのだという。

半蔵の先祖は『寛政重修諸家譜』によると、伊賀阿拝郡服部郷を領していたが、父の半蔵保長の代に三河に出て家康の祖父清康に仕えた。その子の半蔵正成が、家康の臣となり、十六歳で初陣の折り、伊賀の忍びの者六、七十人を率いて三河宇土城に夜討ちをかけ、戦功を立て、恩賞の槍を賜ったという。

でも半蔵の年齢から推すと、この時、家康は今川家の人質になっており、辻褄が合わない。ただ多数の伊賀忍者を従えた記述がこの段階で見え、半蔵がその地位にいたことを示している。

半蔵門
（東京都千代田区）

天正七年（一五七九）、家康の嫡男岡崎三郎信康が武田信玄と内通しているとして、織田信長から切腹を命じられた。家康より、信康の介錯を命じられた半蔵は、不本意と思いつつも、涙をぬぐって刀を振り降ろした。そして信康を悼んで、麹町に安養院を建立し、慰霊碑を建てた。

半蔵はその後、武田家の間諜の竹庵を討ち取り、三方ケ原の戦いでも奮戦して功績を挙げ、伊賀者百五十人を預けられた。江戸に入府してからは、与力三十騎と伊賀同心二百人の頭目として君臨した。

天正十年（一五八二）、本能寺の変で家康が伊賀

服部半蔵の墓
（西念寺：東京都新宿区若葉）

越えする時に、半蔵が伊賀、甲賀の地侍に呼びかけて護衛に当たり、事なきを得た。これにより半蔵を頭とする伊賀同心に恩功として禄千貫が与えられたという。

別説もあり、徳川家を辞して浪人になり、松平越中守定綱邸に住み、元和元年（一六一五）、大坂夏の陣に参戦して討ち死にしたという。

半蔵は伊賀の忍びの者の頭目なので、忍者だったに違いないが、実はそうした記録は見当たらない。ただ配下の伊賀同心たちが江戸城の警備に当たったり、陣中の間諜として動き回ったので、忍者のイメージが固まったのであろう。江戸の麹町御門に近くにあった伊賀衆組頭屋敷は半蔵屋敷とも呼ばれ、これが「半蔵門」の名をいまに残している。

半蔵が亡くなったのは慶長元年（一五九六）、信康の眠る安養寺に葬られた。

半蔵の死後、息子の源左衛門正就は慶長九年（一六〇四）、罪を蒙って改易になり、大坂の陣の時、罪を償おうとして参戦し、討ち死にした。孫の正辰は松平越中守定綱に養われ、当家の臣となった。

以上から服部家三代の動向が混同してしまい、事実と異なる俗説となって伝えられることになる。

半蔵門は皇居の東に位置している。門は閉じられていて、入ることはできなかったが、橋の下を流れる堀の名は半蔵塚だ。

半蔵は寛永十一年（一六三四）に亡くなったが、安養寺は、その後、寺名を半蔵の法名である西念にちなんで安養院西念寺と改めて、四つ谷に移転し、墓はそこに建てられた。現在地の地名は新宿区若葉である。

墓は宝筐印塔の立派なもので、美しい花が供えられていた。背後に卒塔婆が立っており、供養がいまも継続されていることを示していた。同寺には半蔵の槍が寺宝として現存する。

清水次郎長　森石松、大政、小政

街道一の親分が開墾に尽力

次郎長の墓：梅蔭禅寺　静岡県静岡市清水区清水南岡町3―8
アクセス：JR東海道本線清水駅〜静鉄バス山原梅蔭寺線約10分

〝街道一の親分〟とうたわれた清水次郎長。任侠道に溢れ、鬼より怖い大政、小政、森の石松ら子分を引き連れて颯爽と行く……。テレビで見ると思わず胸がすかっとなる。しかも晩年は、富士山麓の開墾に尽くしたというから、凄い。

次郎長の本名は長五郎。駿河国有度郡清水町の船頭の次男に生まれた。叔父の米穀商、山本次郎八の養子になり、次郎八宅の長五郎なので、次郎長と呼ばれた。根っからの暴れん坊で、十五歳の時、養母の金を懐に江戸へ向かうが、途中で捕まる。だがまた飛び出して浜松に行き、飢饉で高騰したコメを動かし利益を上げ、帰宅した。

翌年、養父が亡くなり、養母も立ち去り、残された次郎長は妻を娶り、家業に専念した。ところが二十二歳の時、四人組の強盗が押し入り、大怪我をする。ここから次郎長の針路が狂った。

賭場に出入りするうち喧嘩になり、二人を斬る。故郷にいられなくなり、妻を離別して博徒仲間に入り、旅から旅の暮らしの中、黒駒の勝蔵と対立し、切った張ったを繰り返す。このころになると子分も増える。

維新の風が吹きすさみ、清水に戻った次郎長に転機が訪れる。戊辰戦争が起こり、明治新政府の東征軍は江戸へ向かって進撃し、浜松藩も諸藩に倣い帰順した。総督府の命で判事となった同藩家老は、裏街道を歩く次郎長を探索方に任じた。

慶応から元号が変わって間もない明治元年（一八六八）九月十八日、江

次郎長の墓
（梅蔭禅寺：静岡市清水区）

戸を脱出した旧幕府艦隊の一隻、咸臨丸が清水港に入港するが、新政府の軍艦に砲撃され、大勢の死者を出した。海面に浮かぶ死体は、賊軍というので誰も手を出さず、港は死の海と化した。

次郎長は「死んで官軍も賊軍もあるものか」と言って、子分を総動員して死体を一体一体収容し、向島に葬った。旧幕臣の山岡鉄舟は感激し、墓に「壮士墓」と揮毫した。

ずらりと並んだ次郎長一家の墓
（梅蔭禅寺）

この話には裏があり、本当は鉄舟が次郎長に頼み、死体を始末してもらったのだという。二人が出会ったのはこれより半年前、新政府軍の江戸城攻撃が迫り、鉄舟は勝海舟の命を受け、駿府（静岡）へ向かった。ところが由比倉沢の薩埵(さった)峠で新政府軍の銃撃を受けた。茶店亭主、松永七郎兵衛の機転で、鉄舟は舟に乗せられ次郎長宅に送られた。次郎長宅に一泊した鉄舟は、

慶応四年三月九日、西郷隆盛と会い、談判は成功し、西郷・勝の会見で、江戸城無血開城へと繋がっていく。

鉄舟は清水港で咸臨丸が襲撃され、多くの死体が海面に浮いているのを見るにしのびず、次郎長に密かに頼んだのである。次郎長が二つ返事で引き受け、それをやり遂げたのは、江戸城攻撃を体を張って阻止した鉄舟に憧憬の思いを抱いたからにほかなるまい。

こうして二人は強い絆で結ばれる。明治七年（一八七四）、鉄舟は静岡県令と計り、次郎長に富士山麓の開墾を命じた。次郎長は先頭に立ち、作業員を指揮し開墾に励んだ。

と、ここまで読んで読者諸氏は、街道一の親分らしい話がいつ出てくるのか、といぶかしがったに違いない。実はこの後の明治十一年（一八七八）、鉄舟の勧めで次郎長宅に寄居し、後に養子になる元平藩士の天田五郎が、開墾の監督をしながら『東海遊侠伝』の執筆を始め、明治十七年（一八八四）に出版された本が、後に次郎長ブームを呼ぶのだ。

なぜ本を発刊したのかというと、この年一月に公布された「賭博犯処分規則」による

清水次郎長像
（梅蔭禅寺）

大捜査で次郎長も逮捕され、懲役七年罰金四百円に処せられた。そこで鉄舟が釈放運動のために出版させたという。当然、美談めいた内容になったのはいうまでもない。次郎長は翌年、特赦放免となった。明治以来の仮釈放第一号である。

さて『東海遊侠伝』を出版したことから、これを基にした小説、浪曲、演劇、映画……が登場し、清水港の次郎長を初め、子分の大政、小政や、森の石松らの義侠に富ん

だ活躍ぶりで、あっという間に人気が高まったのである。

次郎長が妻おちょうに手を取られて息を引き取ったのは明治二十六年（一八九三）六月十二日。七十四歳だった。ちなみにこの妻はやくざになって三人目の妻だが、初代からずっとおちょうを名乗り、この妻は「三代目おちょう」といわれた。

墓は静岡市清水区の梅蔭禅寺にある。角が突き出たような大きな自然石に「侠客次郎長之墓」と刻まれている。次郎長の墓に従うように大政、小政、森の石松の墓が並んでいる。石松の墓の正面には「侠客石松墓」と刻まれている。

森の石松の墓
（梅蔭禅寺）

近くに次郎長像があたりを睥睨するように、座っていた。

国定忠治

赤城の山も今夜限り

国定忠治の墓：養寿寺(ようじゅじ)　群馬県伊勢崎市国定町1—247
アクセス：JR両毛線国定駅徒歩15分
国定忠治の墓：善応寺(ぜんのうじ)　群馬県伊勢崎市曲輪町10—11
アクセス：JR両毛線伊勢崎駅徒歩3分
国定忠治慰霊碑：群馬県吾妻郡東吾妻町大戸関所跡
アクセス：JR吾妻線群馬原町駅バスで20分

「赤城の山も今夜を限り、生まれ故郷の国定の村や、縄張りを捨て、可愛い乾分の手前たちともわかれわかれになる首途(かどで)だ」

追われる身の国定忠治が、赤城山を降りる時の名セリフで、渡世人忠治の人気はいまなお衰えを知らない。

忠治は実在の人物で、文化七年(一八一〇)、上野国佐波(さわ)郡国定村の富農の子に生まれた。先祖は武士だったので姓もあり、本名長岡忠次郎。演劇や映画などでは貧農と設定されるのは、その方がストーリーの展開に都合がいいからだろう。

富農の倅が、なぜヤクザ渡世に身を落としたのか。どうやら遊び半分博打に手を出し、のめり込んでいったようだ。そのうち百々村の紋治に見込まれて、二十一歳で縄張りをもらう。その直後、忠治は子分らとともに槍、鉄砲を携え、中山道の大戸の関所を破り、以来、「国定村の長岡忠治」は追われる身となった。

天保五年（一八三四）夏、忠治は以前、子分だった文蔵がいかさま博打で島村の伊三郎に殴られたのを根に持ち、伊三郎が長楽寺の祭礼博打の見回りに出たのを、文蔵とともに待ち伏せして斬り殺し、勢多郡宮城村の大前田英五郎に匿われた。翌年、忠治は子分の民五郎が玉村の京蔵、主馬兄弟に袋叩きにされた仕返しに、子分三人を差し向け、主馬を捕らえて殴りつけた。主馬は京蔵とともに玉村を去った。

国定忠治の墓。左の鉄枠内の墓が古いもの（養寿寺：伊勢崎市国定町）

こんな荒くれの忠治だが、意外な一面も見せる。天保七年（一八三六）、上野一帯は干ばつで作物が穫れなかった時、田部井(ためがい)村で賭場を開き、そのあがりを国定村と田部井村の困窮者に渡して救済した。関東代官の羽倉外記はその著『赤城録』に「忠治の救民のことを聞いて、恥ずかしさのあまり赤面……」と記しているほどである。

天保十三年（一八四二）、忠治は玉村に戻った主馬が仲間を殺したのに怒り、子分らを率いて乗り込み、主馬らを惨殺し赤城山の山中に逃げ込んだ。その秋、逃走資金を稼ぐため、隣村の田部井村で大博打を開いたが、始まって間もなく、関東取締出役の八州廻りに踏み込まれて、また赤城山に逃げ込んだ。

忠治は大博打に欠席した下植木村の浅治郎を呼びつけ、密告したのは伯父の勘助だろうと責め、浅治郎を案内に子分を連れて小斉村へ赴き、勘助と息子を槍で突いて殺した。そして勘助の生首を持って伊勢崎の豪商を次々に脅して金を奪い取った。

忠治は賭博、殺傷、それに以前に犯した関所破りの罪で関東一円に大手配されるが、それを尻目に田部井村に戻って賭場を開くなど、悪業を重ねた。

忠治が妾おまちの兄宅で、脳溢血で倒れたのは嘉永三年（一八五〇）七月二十一日。病状が軽かったので、子分らが本妻のお鶴のもとへ運んだが、お鶴は引き取ろうとしない。田部井村の名主が見かねてわが家の土蔵に運んだが、一カ月後の八月二十四日、捕り方に踏み込まれ、捕まった。

身柄は江戸に送られ厳しく取り調べを受け、関所破りの罪により十二月二十一日、大戸の関所に送られて、そこで磔の刑に処せられた。四十一歳だった。

忠治が突然、蘇るのは大正八年（一九一九）、大阪・弁天座で開かれた新国劇の「国定忠治」の公演。沢田正二郎の演じる忠治の、冒頭に掲げた赤城の山の別離の場面は喝采を浴びた。以後、この作品は新国劇の十八番となり、任侠物ブームを現出させた。

忠治の墓は群馬県伊勢崎市国定町の養寿寺にある。

国定忠治の墓
（善応寺：伊勢崎市曲輪町）

国定忠治慰霊碑と股旅姿の忠治地蔵
（大戸関所跡：東吾妻町大戸）

見上げるほど背の高い自然石に「長岡忠治之墓」と刻まれている。そのそばに鉄枠で包囲されて鎮座している円柱形の墓が、もとからある忠治の墓である。頭部がごつごつしているのは、墓石を削り取る人が絶えないためだ。削った墓石を懐にしてギャンブルをすると、勝利に恵まれるのだという。墓がなぜ鉄枠の中なのかという疑問が、やっと理解できた。同寺には忠治像がある。

伊勢崎市の善応寺にある墓は、もう一人の妾とくが遺体の片腕を大戸処刑場から持ち帰って埋めたものといわれる。正面に「国定忠治之墓」と刻まれている。

大戸関所跡は復元され、その近くの処刑場跡に「侠客　国定忠治慰霊碑」という立派な碑が建っている。忠治地蔵に股旅姿の衣装が施されていて、一瞬、目を疑った。

第二章

不気味で爽快な人物の墓

八百屋お七

恋焦がれたあげくに放火

八百屋お七の墓：円乗寺　東京都文京区白山1―34―6
アクセス：地下鉄三田線白山駅徒歩2分
八百屋お七の「火炙台」の標識：鈴ケ森刑場跡　東京都品川区南大井2―5―6
アクセス：京浜急行大森海岸駅徒歩10分
お七、吉三郎を祭る比翼塚：吉祥寺　東京都文京区駒込3―19―17
アクセス：地下鉄南北線本駒込駅徒歩5分

あの人にひと目だけでも会いたいと、わが家に火をつけた八百屋お七。この火事で江戸の町は焼かれ、十七歳のお七は放火の罪で逮捕され、火あぶりの刑になる。

なぜこんな事件が起こったのか。もっとも早い時期に書いたとされる『天和笑委集（てんなしょういしゅう）』によると、お七は本郷森川宿の八百屋市左衛門の末娘で、暮れも押し迫った天和二年（一六八二）十二月二十八日、家が類焼して家族ともども正仙院という寺に避難した。

この寺に生田庄之助という美少年がいた。庄之助は住職の寵愛を受けていた。若い二人は出会ってすぐ恋に落ち、正月十日の夜、下女の計らいで密かに会い、将来を誓って契りを結んだ。

焼けた家が新築されたので同月二十五日、お七は両親の指示で家に戻ったが、二人の恋は燃え盛るばかり。おたがいに手だてを尽くして逢瀬を重ねた。だがお七は、いま別れて戻ったばかりなのに、すぐ会いたくなる。ずっと一緒にいたい、という思いが募った。家が火事になったら、また正仙院に避難して、愛しい人に夜ごと会うことができる、と考えたお七は、天和三年（一六八三）三月二日夜、新築のわが家に火を放った。だが火はすぐ消えてボヤ騒ぎで済んだ。

お七は放火の犯人として捕らえられ、同月二十九日、町を引き回された後、小塚原の刑場で火あぶりの刑にされた。犯行から二十七日しか経っていない。町の人たちは若い女の恋に狂った犯行と残虐な火あぶりの刑におののいた。

処刑の二年後、井原西鶴は浮世草子『好色五人女』の巻四「恋草からげし八百屋物語」でお七の事件を書き、町娘の可憐でいちずな恋を讃美した。最後の火あぶりの刑の場面では、少しも取り乱さず、「この世は夢幻」と一心に浄土へ行くのを願い、美しく死んでいく。この段階で相手の男性の名が吉三郎になり、舞台の寺が吉祥寺に変わった。吉三郎はお七の死に錯乱し、自殺しようとしてお七の母に説得され思いとどまり、出家する。

八百屋お七の墓
（円乗寺：東京都文京区白山）

鈴ケ森刑場遺跡
（東京都品川区南大井）

八百屋お七の「火炙台」の標識
（鈴ケ森刑場遺跡）

一方、お七の悲恋と残酷な処刑の話は「お七恋の燃えくび」「上下八百屋お七吉三郎歌さいもん」などの歌祭文にもなり、世間に広まった。宝永年間（一七〇四～一〇）になると歌舞伎界にお七物が登場して大きな反響を呼び、しだいに虚構化が進んだ。

浄瑠璃も「八百屋お七恋緋桜」が上演され、吉祥寺の小姓吉三郎を武士の遺児とし、恋敵の武兵衛を登場させ、お七の父がこの武兵衛から二百両を借りたため娘を嫁にやらねばならなくなり、狂乱したお七は家に火を放つ。吉三は身代わりを願ったが叶わず、自決する、という具合に変化していく。

お七の悲劇性はさらに高まり、「伊達娘恋緋鹿子」では、主家の重宝を恋敵の男性が持っていると知ったお七が、吉三に知らせるため櫓の半鐘を打つという表現に変わり、凄惨な舞台を作り上げていった。この櫓を上るお七の姿は、浮世絵などに描かれ、江戸後期の草双紙の黒本『八百屋お七恋藤巴』や黄表紙『振りそで江戸紫』などで人気を呼んだ。

お七、吉三郎を祭る比翼塚
（吉祥寺：東京都文京区駒込）

お七の墓は東京都白山の円乗寺にある。同寺の説明文によると、ここは八百屋市左衛門家の菩提寺で、最初の火事で焼け出された時、避難したのがこの寺だった、としている。墓は角柱の古い墓で、背後に卒塔婆がぎっしり並んでいて一瞬見まごうが、そばに「八百屋於七之墓」の標識があるので、すぐわかる。しかもこの墓は、標識の文面から、初代岩井半四郎が演じた縁で、寛政五年(一七九三)にお七の百十三回忌供養塔として建立したもの。その隣の墓はさらにその百五十余年後に、町内有志が二百七十回忌供養塔として建立したものである。

意外なことに鈴ケ森にお七と吉三の比翼塚がある。歌舞伎で処刑場を小塚原から鈴ケ森に変えて演じたので、主演役者がそれに因んで建立したのだという。そのせいで、お七の「火炙台」まであり、いまでは「東京都史蹟」になっている。さらに吉祥寺にも比翼塚が建っている念の入れようである。事実が変化して、墓やその副産物まで生まれたという典型的なケースである。

鼠小僧次郎吉の墓：回向院　小塚原刑場　東京都台東区南千住5―33―13
アクセス：JR常磐線南千住駅徒歩3分
鼠小僧次郎吉の墓：回向院　東京都墨田区両国2―8―10
アクセス：JR総武線両国西口より徒歩3分

鼠小僧次郎吉

大名屋敷を荒らし回る

NHKドラマ「鼠、江戸を走る」が評判になり、鼠小僧次郎吉の人気がひときわ高い。東京都墨田区両国の回向院の次郎吉の墓は、若い女性たちで賑わっているという。

次郎吉は江戸日本橋の生まれといわれるが、泉町の芝居小屋の仕切場（会計係）に勤める者の倅とか、木挽町の舟宿の倅とかの諸説があり、はっきりしない。身長五尺（約一・五メートル）足らずの小男だが、足が早く、身軽に動き回った。

十六歳で建具屋に奉公したとも武家に足軽奉公したともいわれるが、やがて無頼の徒の仲間に入り、賭博を生業（なりわい）にするようになった。かたわら大名屋敷や武家屋敷を狙って忍び込み、金品を盗み続けた。鼠小僧というニックネームは、出生地の泉町がなまったもの、という説もあるが、ネズミのように素早く動くことからついたとされる。

次郎吉がなぜ大名屋敷や武家屋敷ばかり狙ったのかというと、武家奉公をしていて商

鼠小僧次郎吉の墓、右が古墓、左が新墓
（小塚原回向院：東京都台東区南千住）

家や農家は戸締りが厳重なのに比べ、武家屋敷は意外に不用心なのを実感したため。そこでどうせやるならいつも威張っている武家を、と考えたのも理に叶っているといえる。

次郎吉は夜ごと、ここぞと決めた屋敷に忍び込み、金品を盗み取った。盗まれた屋敷では「またネズミが出た」と悔しがり、奉行所に伝える一方、犯人探しに躍起になった。だがそれをせせら笑うように、毎晩のように屋敷が荒らされた。

次郎吉は盗んだ金の大半を賭博や遊興に消費した。町人たちに金を施したというが、実際はどうだったか判然としない。それなのに困った人を助ける〝義賊〟とされたのは、武士に対する庶民感情がそうさせたのであろう。

武士は町人たちを虫ケラのごとく扱い、威張り散らしていた。そんな武士たちの屋敷を夜ごと襲う。胸のすくような盗人ぶりに町人たちは「ざまぁみろ」と、手を打って喜び、溜飲を下げた。鼠小僧は庶民たちのいわばアイドルになった。

歌舞伎「鼠小紋東君新形」(通称鼠小僧)
(国立国会図書館)

次郎吉が捕らえられたのは天保三年(一八三二)五月八日深夜。松平宮内少輔邸に忍び込み、発見され、取り押えられた。記録には「松平宮内少輔屋敷門前」とあるが、邸内でなく門前としたのは、忍び込まれたとなると不名誉、と考えたからだ。

取り調べの結果、被害に遇ったのは大名屋敷九十五家、旗本など武家などを合わせると百三十九家、被害額は一万二千両にのぼった。一番被害が大きかったのは溝口伯耆家、本多豊後守家の各三千両。また松平肥後守屋敷は五回も侵入され、その都度十両から五十両ずつ盗まれている。忍び込んだが盗めなかった屋敷は十一家。忍び込むことができなかったのは紀州、彦根の二家。以上は次郎吉の供述に基づくものである。

次郎吉は八月十九日、江戸市中を引き回しのうえ、小塚原で磔、獄門になった。三十六歳だった。この日、市中は見物人で大賑わいだったという。辞世が残っている。

天が下古き例しはしら浪の
　身にぞ鼠と現はれにけり

東京都台東区南千住の回向院には次郎吉の墓が二つ。向かって右手の自然石の墓が古いもの、左手の「源達信士」と刻まれたものが後年、建立されたものだ。自然石の墓も同様「源達信士」と彫られているが、少しずつ崩れていて、全体が刃物か何かで削られている。江戸時代から「長年、捕まらなかった強運にあやかろう」と、墓石を削ってお守りにする風習があり、それを身につけていると、籤や無尽に当たるとか、賭博に勝つなどといわれた。近年は「滑らない」という意味から、受験生に人気があるそう。

両国の回向院の墓は明治五年（一八七二）の建立で、「教覚速善居士」と刻まれている。その前方に置かれた白い石が「お前立ち」といわれる〝削り用〟の石で、削られた形跡がありありと見える。

鼠小僧次郎吉の墓
（両国回向院：東京都墨田区両国）

筆者が参詣中、中年の紳士が石を削り取り、懐に大事そうに仕舞い込むのを目撃した。理由を質したら「明日の競馬に勝つため」と真剣な表情で答えたのにはいささか肝を潰した。墓はほかに全国六カ所にあり、人気のほどを示している。

石川五右衛門

石川五右衛門の墓：大雲院　京都市東山区祇園町南側594－1
アクセス：市バス祇園下車徒歩5分

天下の怪盗、釜煮に

石川五右衛門といえば安土桃山時代（一五七三～九八）に京都などを荒らし回った日本一の大泥棒として名高い。最期は釜煮の極刑にされるが、権力にこびないその態度は庶民の喝采を浴び、やがて悪役から英雄へと転化していく。

出身地は諸説紛々としている。遠江国浜松の侍の家に生まれ、後に河内国石川郡（ごおり）の医者を頼って移り、ここで石川五右衛門を名乗ったとする説、丹後国伊久知（いひさち）城主、石川五右衛門秀門が敵の軍勢に攻められて落城し、次男の五良右衛門が京都に逃れて石川五右衛門を名乗ったなどがある。

五右衛門の泥棒の手口は大胆極まりない。京都・伏見に大きな屋敷を構えて、昼間は乗物に乗り、配下の者に槍、弓、薙刀などを持たせて、京都や伏見の町を歩く。一方、商人の服装をした手下たちが、金のありそうな家が探し回る。夜になると五右衛門が手下を従え、大仏の鐘を合図に目星をつけた家に押し込み、金品を奪い取るのである。
そうかと思えば五右衛門は、登城する大名に紛れて伏見城に入り、控えの間に忍び込んで大名の名刀と持参の鈍刀（なまくら）を取り替え、手にした刀を高く売りさばいた。

五右衛門が釜煮された京都・七条河原

五右衛門が名を留めることになるのが、残酷極まる釜煮の処刑。逮捕された五右衛門はじめ盗人、スリ十人、子ども一人の計十一人が京都七条河原で釜煮にされ、そのそばで十九人が磔にされたのである。

この最期が人々の哀れを誘い、同情を集めたことで五右衛門の虚像が生まれ、貞享年間（一六八四）に浄瑠璃本『石川五右衛門』が出る。五右衛門が六歳の倅、小源太とともに釜煮の刑になる時、

石川や浜の真砂は尽くるとも
　世にぬす人のたねは尽きまじ

と辞世を詠み、死んでいく、という筋書きである。

続いて井原西鶴が『本朝二十不幸』で五右衛門を書き、近松門左衛門の戯曲「傾城吉岡染」として上演された。この戯曲の釜煮の場面はとくに凄惨で、釜の蓋を取ると、満身焼けただれた五右衛門が、尻に敷いた吉岡憲法（剣術の師）の子どもの死体を宙に差し上げ、絶命する。

五右衛門は浄瑠璃や歌舞伎にも取り上げられ、人気は一気に高まっていく。歌舞伎の「金門五三桐」は南禅寺山門の場が有名だ。満開のサクラに彩られた山門の楼上に、太い眉、赤い隈取り、派手などてらを着た五右衛門が太いキセルをくわえて見栄を切る。

　春の眺めは価千金とは小さい譬え。五右衛門が為にはこの価万両。もはや日も西に傾き、誠に春の夕暮れの桜も、一入。ハテ、麗らかな、眺めじゃなぁ。

いよっ、というかけ声が飛び交い、会場は喝采に包まれる。

五右衛門に忍者的な性格が加味されるのは、寛政九年（一七九七）に出版された『絵本太閤記』からだ。五右衛門が時の権力者である豊臣秀吉の命を奪おうと深夜、伏見城に忍び込むが、捕らえられる。秀吉の直々の取り調べに対し「お主こそ天下を盗み取った大泥棒」と啖呵を切る。怒った秀吉が釜煮の極刑を言い渡す、という具合に変化する。最初は悪名高かった大泥棒が、時代とともに〝義賊〟に変遷していくという典型的なケースといえよう。

五右衛門の墓は京都市東山区祇園町の大雲院にある。背の高い円柱形の立派な墓で、正面に戒名が刻まれ、その両脇に灯籠が建っている。誰が供えたのか、色とりどりの供花が美しい。

ちょうどサクラの見ごろで、参道は観光客がいっぱい。どこからか威勢のいい啖呵が聞こえてくるような、のどかな春の宵だった。

石川五右衛門の墓
（大雲院：京都市東山区祇園町）

幡随院長兵衛と水野十郎左衛門

幡随院長兵衛の墓：源空寺　東京都台東区東上野6―19―2
アクセス：地下鉄銀座線稲荷町駅徒歩6分
水野十郎左衛門の墓：功運寺　東京都中野区上高田4―14―1
アクセス：地下鉄東西線落合駅徒歩8分

旗本奴と町奴の争い

「火事と喧嘩は江戸の花」といわれるほど、江戸の町は喧嘩が絶えなかった。その代表格が旗本奴と町奴の争い。旗本奴の水野十郎左衛門と町奴の幡随院長兵衛が対立し、十郎左衛門は長兵衛をわが家に誘い、風呂場で騙し討ちにする。歌舞伎の長兵衛殺しの舞台は最大の見せ場だが、なぜこんな争いになったのか。

十郎左衛門は備後福山城主の家系に生まれた。三千石の家督を領し、小普請組に仕えたが、政務に不満を抱き、病と称して出仕せず、父から継いだ旗本奴の神祇組（じんぎぐみ）(通称白柄組)の頭領となり、町奴とも交わって無頼の暮らしをしていた。

このころの旗本奴は、家康の三河以来の譜代や外様が入り乱れて様々な組織を作り、たがいに男伊達（おとこだて）を競い合った。神祇組には加賀爪甲斐守まで加わり、総勢ざっと百人。その羽振りは大変なものだった。しかし町屋に入って無銭飲食をしたり、乱暴狼藉を働くので、町人たちは「夜ふけて通るは何者ぞ、加賀爪甲斐か、泥棒か」と言って恐れた。

一方、長兵衛は肥前唐津領の旧臣の子で、上野伊勢ノ端にあった蟠随院（現在は東京

幡随院長兵衛の墓
（源空寺：東京都台東区東上野）

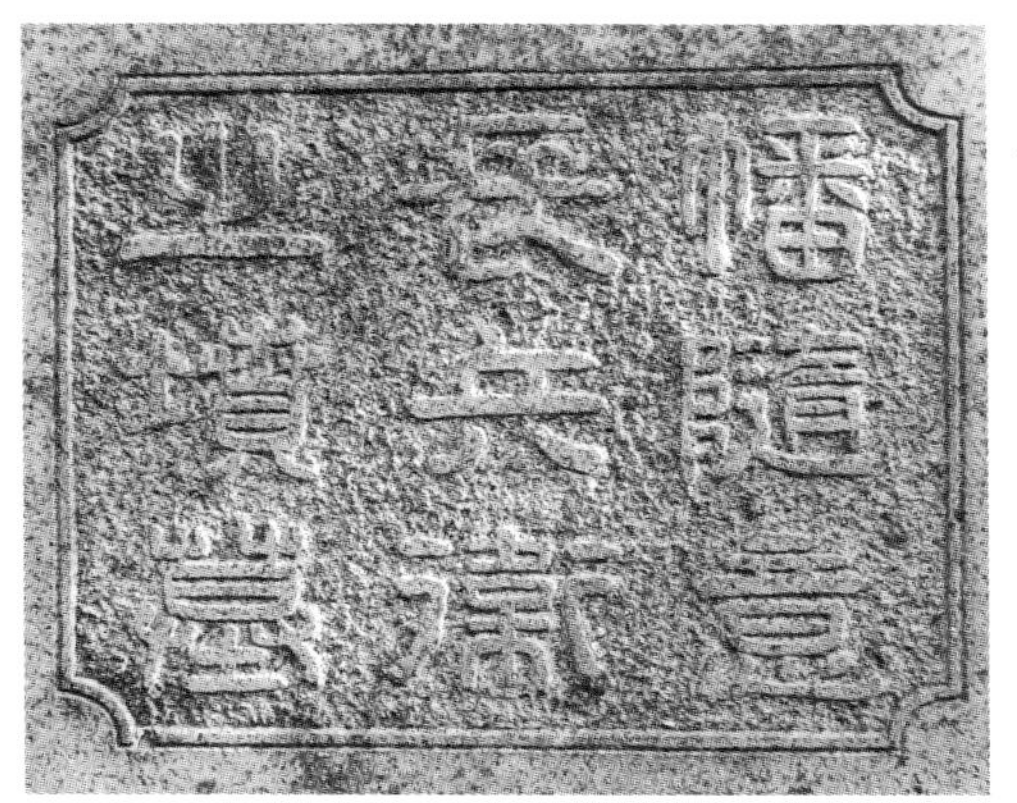

幡随意長兵衛之墳墓と刻まれている
（源空寺）

都小金井市に移転）という寺の門前町に住んでいた。六尺（一・八メートル）を越える巨漢で、幡随院の親分と呼ばれて子分百数十人を持つ身。子分たちは裸一貫、男の意地だけが取り柄と言えば聞こえはいいが、どうにもならないのごろつきばかり。しかし旗本奴に対しては命を張って抵抗するので、町人たちは町奴の方に肩入れした。

　明暦三年（一六五七）夏、木挽町の森田屋の芝居小屋で見物中の幡随院長兵衛らの町奴と十郎左衛門の白柄組が喧嘩になった。その場はいったん収まったが、これを根にもった十郎左衛門は七月十八日、仲直りを装って長兵衛を麹町裏の自邸におびき寄せ、長兵衛が風呂に入ったところをやにわに槍で突いて騙し討ちにし、死体をこもに包

水野十郎左衛門の墓所
（功運寺：東京都中野区上高田）

んで神田川に捨てた。これが通説とされる。

しかし『厳有院殿御実記』によるとその日、長兵衛は十郎左衛門宅を訪れ、花街の吉原へ誘う。十郎左衛門が「他用があって行けない」と断ると、長兵衛は「われわれが恐ろしくて来られないのだろう」とせせら笑い、暴言を吐いた。怒った十郎左衛門はその場で無礼打ちにした。届け出を受けた町奉行所は、長兵衛は浪人なので、打ち捨てても構わないとして、十郎左衛門には何の咎めもなかった、という内容。

水野十郎左衛門の墓
（功運寺）

風呂の騙し討ちが定着したのは明治十四年（一八八一）に河竹黙阿弥が

書いた歌舞伎「極付幡随長兵衛」(湯殿の長兵衛)から。十郎左衛門に呼ばれた長兵衛は、最初から死を覚悟して水野邸に赴き、湯殿で浴衣一枚になったところを槍で突かれて死んでゆくという筋書きである。

その後、十郎左衛門はどうなったかというと、幕府は寛文四年(一六六四)三月二十六日、十郎左衛門に不法の所業ありとして評定所へ召し出し、徳島藩にお預けにしようとした。だが髪は伸び放題、着衣の裾は短く、脛まで丸見えなため、幕府に対して大不敬の罪に当たるとして、その場で切腹を命じた。十郎左衛門は小脇差しを股に突き立て、「いざ首を!」と叫んで討たれたという。これにより水野家は廃絶した。

幡随院長兵衛の墓は、東京都台東区東上野の源空寺にある。自然石に仏像を彫り込んだものが二つ並んでいる。その脇に「幡随院長兵衛夫妻之墓」と刻まれた標識があり、向かって左が長兵衛、右が妻の墓とわかる。

水野十郎左衛門の墓は、東京都中野区上高田の功運寺にある。ここでは「重郎左衛門」と表記されている。水野家の墓所の奥隅に建つ小さな墓がそれで、正面に戒名が刻まれている。

平手造酒（ひらてみき）

「行かねばならぬ」

平手造酒の墓：延命寺　千葉県香取郡東庄町笹川い597
アクセス：ＪＲ成田線「笹川」駅徒歩10分
平田三亀の墓：心光寺　千葉県香取郡神崎町松崎794
アクセス：ＪＲ成田線滑河駅バス野馬込徒歩５分

利根川河原のやくざ同士の喧嘩場へ、病んだ武士が血を吐きながら、よろめくように走る。「行かねばならぬ、行かねばならぬ、行かねば平手の男が立たぬ」芝居や講談で知られる「天保水滸伝」のラスト・シーン。笹川繁蔵方の用心棒、平手造酒の意地をかけた叫びに、観衆は熱い涙を流し、拍手を送る。

平手造酒は正しくは平田深喜といい、出身地などは不明。江戸は神田お玉ケ池の北辰一刀流千葉道場の使い手として知られた。だが酒と女がもとで道場を破門され、関八州を渡り歩く身となった。

別説に水戸の北辰一刀流の門人だったとも、旅回り武芸指南者として水戸から松崎（千葉県香取郡神崎町（こうざきまち）松崎）の名主に厄介になり、その道場で剣術を教えていたともいうが、やがて浪々の身になったのは間違いない……。

平手造酒の墓（右）
（延命寺：千葉県香取郡東庄町）

やがて下総笹川の博徒の親分、笹川繁蔵の用心棒になる。天保七、八年（一八三六、七）ごろのことだ。造酒、三十歳くらい。客分ともてなされ、毎日酒びたりの堕落の日々を送るうち、不治の病といわれた労咳（肺結核）にかかり、病みながらも酒を手放さない。

そんな折りの弘化元年（一八四四）八月七日未明、笹川一家と飯岡助五郎一家が大利根の河原で乱闘になった。両者、刀を振り回す凄まじい喧嘩だったが、意外なことに死んだのは造酒一人だけ。死体検分書が残っているので文章を前段のみ掲げる。

無宿浪人　平田深喜　一、疵請死人　但し年齢三十七、八歳位、天窓（頭）に長さ六寸程の十文字切り疵壱ケ所、打込み疵長さ壱寸程三ケ所。右肩に長さ二寸程、左肩に三寸程の三ケ所。左の脇腹より心中にかけ長さ八寸程、同膝に長さ三寸程の切り疵、都合十一ケ所あり。

笹川繁蔵の墓前にサイコロ形の勝負石
（延命寺）

全身に傷を負った造酒は繁蔵宅前まで逃れて、医師の治療を受けるが、「今七日暁、卯中の刻に相果て候」となる。卯中の刻とは午前七時だから、病身のまま未明の決闘に駆けつけて、満足に戦えないまま相手にずたずたに切られたことになる。

それにしてもこんな落ちぶれた武士の話が、明治から大正時代にかけて芝居や講談になり、拍手を浴びるようになった理由は何か。社会からドロップアウトした人間が、最後に義を貫こうとする姿に共鳴する人が多かった、ということであう。

昭和になると造酒は、浪曲や歌謡曲に登場する。田畑義夫が「あれを御覧と指さす方に……」と歌う「大利根月夜」は爆発的にヒットした。いまもカラオケファンに人気があるという。

造酒の墓は「天保水滸伝」の幟（のぼり）がはためく千葉県東庄町笹川の延命寺にある。山門を入るとすぐ右手に高く延びて建つ墓がそれで、正面に「平手造酒之墓」と刻まれているのですぐわかる。

別に「平田氏之墓」という古い墓がある。嘉永三年（一八五〇）八月十五日、『嘉永版天保水滸伝』の上梓に合わせて、笹川一家の有志土屋半左衛門が供養に建てた。

造酒の墓の左手にあるのが親分の笹川繁造の墓で、自然石のどっしりしたものである。墓前にサイコロをイメージした「笹川繁造の勝負石」なるものが置かれていて、思わず、うーむ、と唸ってしまった。

造酒の墓はもう一つ、神崎町の心光寺にある。自然石の正面に「平田三亀之墓」、側面に「儀刀信忠居士、天保十五甲辰八月六日」とある。平田が平手になったのは講談の講釈師の発音の間違いから。「三亀」は本人の「ひらたみき」の発音から同音を採ったものだ。

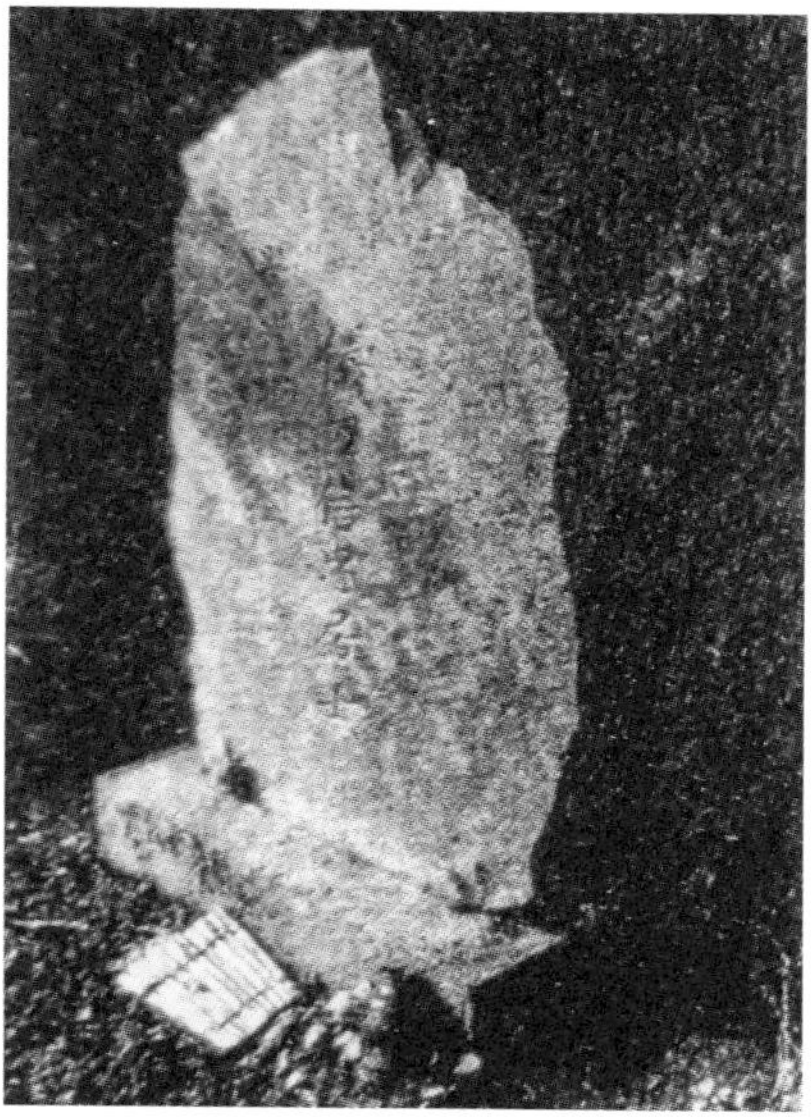

平田三亀の墓
（心光寺：千葉県香取郡神崎町）

ところで八月七日であるはずの命日が一日ずれているのはなぜか。昔は夜が明けないと日付けが変わらなかったから、決闘の日は未明といえどもまだ前日の六日だったという解釈なのであろう。

夜嵐お絹

お絹の墓：福厳寺（ふくごんじ）　東京都墨田区東駒形3—21—3
アクセス：地下鉄浅草線本所吾妻橋駅徒歩2分

草紙本で〝希代の毒婦〟に

〝夜嵐お絹〟は本名原田キヌ。主人殺しの罪で処刑された。まだ二十九歳の若さだった。処刑後、岡本勘造の草双紙『夜嵐阿衣花酒仇夢』が出版された。事実を歪めて書いたこの本は売れに売れ、ベストセラーになった。辞世の句の「夜嵐にさめてあとなし花の夢」も岡本の創作で、これが夜嵐お絹の異名のもととなり、幕末期から維新にかけて〝希代の毒婦〟のレッテルを貼られることになる。

お絹は天保十四年（一八四三）、相模国三浦半島の漁師佐次郎の妹小夜を母に生まれた。父は旗本家の用人。小夜が奉公にあがった折り懇ろになったようだが、産後の肥立ちが悪く亡くなる。

お絹は佐次郎に育てられ、十五、六歳ころから叔父の周旋で江戸に出、小春と名乗って浅草猿若町の芸者になった。美貌を売り物にして花街を渡り歩くが、そんなお絹を下

福　巌　寺
（東京都墨田区東駒形）

野烏山の三万石の大名が見初めて妾にした。だが大名は亡くなり、逆戻り。

十八歳の時、兵庫灘の酒造家の若旦那に身請けされ、国元へ行く途中、こんな女を家にいれたら大変と、番頭により海中に突き落とされてしまう。だが土地の遊び人、房吉に救われ、二人で若旦那の家に怒鳴り込み、手切れ金をせしめた。

江戸に戻ったお絹はまた花街に戻り、芸者や茶屋勤めを続けた。明治維新後、二十六歳になったお絹に、弾正台役人（警察官）上がりの小林金平（金兵衛）という五十歳過ぎの男が言い寄り、猿若町で妾暮らしを始める。

お絹の錦絵
（「東京日々新聞」明治７年10月に掲載された岡本勘造の草双紙『夜嵐阿衣花酒仇夢』）

金平は夜遅くやってきて朝帰るので、昼間はお絹の自由な時間だった。猿若界隈をぶらつくうち歌舞伎役者の売れっ子、嵐璃鶴（あらしりかく）と深い仲になり、身籠もる。事態が知れるのを恐れたお絹は、璃鶴と夫婦になることを夢見て、金平の殺害を企てた。璃鶴の男衆に密かに頼んで砒素を入手し、食事に少量ずつ混ぜて食べさせた。璃鶴はそれを知っていたが、お絹の激情に負けて黙認し、逢瀬を重ねた。少量とはいえ砒素を毎日飲ませられて、金平の体は次第に衰弱していき、ほどなく死に、やがて毒殺されたという噂が立ちだした。

明治四年（一八七一）五月末、東京府第五区屯所の大崎宗九郎はお絹を捕らえて取り調べた結果、お絹は毒入りの犯行を認めた。最初は璃鶴も共犯だと言い張ったが、やがて生まれてくる子の行く末を考えて、知らぬことと述べた。腹の子は五カ月になっていた。お絹は殺人罪で死刑、璃鶴は徒刑三年の宣告を受けたが、妊婦の処刑は見送られた。

お絹の墓
（福巌寺）

五カ月後の十月一日、お絹は牢内で男の子を出産した。子に乳を与えながら涙ぐむ姿に同房の女囚らは同情した。

明けて明治五年（一八七二）二月二十日朝、刑が執行されることになった。お絹はわが子に最後の授乳を済ませると、女囚らが作った飯粒を固めて紙縒りに通した数珠を首にかけて房を出、小塚原に送られ、首を討たれた。

首はさらし首にされ、傍の捨て札に次のように書かれていた。

小林金蔵妾にて、浅草駒形四番地借家　原田キヌ　歳二十九

璃鶴はその後、川崎屋市川権十郎と改名し、人気役者となっていく。

お絹の墓は、処刑された小塚原の回向院にあるはずと思い、訪ねたが、僧職とおぼしき方から「ここにはありません」と言われた。何度か訪ね歩いて東京都台東区東駒形の福厳寺にあるのを知った。

墓所の奥深くに命日と戒名を刻んだ家紋入りの墓が建っていた。戒名は「観抑院奇室清…」と下部の方は崩れて読めなかったが、墓前の美しい供花がその存在を示すように微かに揺れていた。

夜泣き梅

赤子を抱いてしのび泣く

河西梅の墓：勇払史跡公園　北海道苫小牧市勇払132
アクセス：JR苫小牧駅、道南バス勇払線25、勇払公園
河西梅の像：苫小牧市民文化公園　北海道苫小牧市旭町3―2―2
アクセス：JR苫小牧駅、道南バス駅通十字街徒歩8分

幽霊になった女性の墓と銅像がある、といったら驚くかもしれない。場所は北海道苫小牧市の海沿いの一隅。でもなぜ、幽霊が銅像になったのか。その陰に北辺の悲惨な歴史が浮かび上がってくる。

寛政十一年（一七九九）、幕府は松前藩が支配していた東西蝦夷地と呼ばれた北海道を直轄地とした。近年、ロシア船をはじめ異国船が相次いで蝦夷地近海に出没し、危機を感じて、北辺の警備を固める施策に乗り出したのである。

幕命を受けた武州多摩（現在の東京都八王子市）の八王子千人同心隊の原半左衛門は翌寛政十二年、百人を連れて故郷を出発し、このうち半数の五十人が半左衛門の弟、新助に従い、勇払場所に、残る五十人は半左衛門とともに白糠に入った。

勇払場所はシコツ十四場所を含めたこの地一帯を治める東蝦夷地の拠点で、西蝦夷地

河西梅の墓
（勇払史跡公園：
苫小牧市勇払）

とを結ぶ交通の要衝だった。海岸線には会所や倉庫、旅籠などの建物が立ち並んでいた。

この八王子千人同心の組頭として入植したのが河西祐助という幕府役人で、妻の梅と幼い男子を連れていた。和人の女性は梅だけ。相談相手もいない。

千人同心らは、海岸線の監視所で異国船の動きを見張るかたわら、開墾に取り組んだ。祐助はその指揮のため、毎日、役所に出かけた。留守を預かる梅は幼子を抱きながら、畑を耕したり、野菜の種を蒔くなど必死になって働いた。

だが北国の気象は想像を絶した。夏の暑い日など体験しないまま秋になり、急に冷え込みが激しくなった。せっかく蒔いた種も、土地が火山灰に覆われていて、発芽もしない。冬になると白く凍てついた海岸線を、吹雪が音をたてて吹き抜けた。掘っ建て小屋同然の家の中で、満足な防寒対策もないまま、異国船の出没の情報におののきながら、冬を過ごすが、この間に最初の死者が出た。野菜不足による壊血病という恐ろしい病気が原因だった。以後、毎年、死者が出て、十六人を数えた。

悲惨な暮らしの中で梅は身籠もり、女の赤子を産む。だが満足な食べ物もないので、乳が出ない。赤子は弱々しく泣くばかりだった。享和三年（一八〇三）五月二十二日夜、梅は「この子にお乳を……」と呻きながら死んでいった。二十五歳。入植して四年が経っていた。

以来、雨の夜になると、赤子を抱いた女の幽霊が家々の戸を叩き、「この子にお乳を……」とむせび泣く、という噂が立ちだした。人々は、赤子を残して死んでいった梅を憐れみ、「夜泣き梅女」という幽霊話を伝えた。

苫小牧市旭町の市民文化公園に、八王子千人同心像と赤子を抱いた梅像が建っている。振り仰ぐと、若い梅と赤子の像が、何かを語りかけてくるような錯覚に襲われる。

梅の墓は苫小牧市勇払の勇払史跡公園内の墓所にある。夫の祐助が悲しみをこめて建立したものだが、その墓に刻まれた七言絶句「哭家人（こっかじん）」を掲げる。

河西梅の像
（苫小牧市旭町
市民文化公園）

万里游辺功未成　　万里の辺りに遊びて未だ功成らず
阿妻一去旅魂驚　　わが妻ひとたび去りて旅魂を驚かす
携児慟哭穹盧下　　児を携えて慟哭す穹廬の下
難盡人間長別情　　盡くし難し人間長別の情

実はこの七言絶句が幽霊を生んだもの、と筆者は推察している。三行目の「児を携えて慟哭す穹廬の下」は祐助の心境を詠んだものだが、それがそのまま死にゆく梅の気持ちに結びついたと考えると、筋道が見えてくるのだが。

第三章
脚色された人物の墓

祇王（ぎおう）、祇女（ぎにょ）、閉（とじ）

清盛の寵愛失い、仏道に

祇王（ぎおう）、祇女（ぎにょ）、閉（とじ）の墓：祇王寺　京都市右京区嵯峨鳥居本小坂町32
アクセス：四条河原町、市営11番山越中町行、嵯峨小学校前徒歩17分
祇王屋敷跡に建つ石碑：祇王寺近郊　滋賀県野洲市中北
アクセス：JR野洲駅北口、近江鉄道バス木部循環行、江部徒歩10分

『平家物語』に出てくる白拍子の姉妹、祇王（ぎおう）と祇女（ぎにょ）、それに母閉（とじ）を祭る墓は、京都市嵯峨鳥居本小坂の祇王寺にある。静寂に包まれたその地にたたずむと、遠い日が偲ばれ、人生のはかなさを感じさせる。

平安時代の末期、都の白拍子、祇王は時の権力者、平清盛に見初められて寵愛を受け、母の閉、妹祇女も呼んで幸せに暮らし、人々の羨望を集めていた。ところが三年ほどして清盛は、西八条の別邸に呼んだ十六歳の白拍子、仏御前（ほとけごぜん）の美貌に惹かれて、傍に置くようになる。寵愛を失ない、屋敷を追われた二十一歳の祇王は、自殺まで考えたが、次の歌を詠んで出家を決意した。

もえいづるも枯るるも同じ野辺の草
　何れか秋にあはではつべき

それを聞いた十九歳の妹の祇女も、四十五歳の母も、ともに髪を剃って出家し、三人揃って奥嵯峨の往生院に移り住み、念仏を唱えながら暮らした。人々は清盛の身勝手さを憎み、人の世の虚しさを口にした。

仏御前は栄華の頂点にいたが、ふと世の無常を悟り、清盛と別れて出家し、祇王たちが暮らしている往生院を訪ねた。祇王たちは感涙にむせびながら迎え、以後は四人一緒に草庵で読経三昧の暮らしを続け、やがて亡くなっていったという。

祇王寺は京都市右京区の奥嵯峨とも呼ばれるかつての往生院の境内にあり、寺内には祇王ら四人の木像が安置されている。墓は美しい竹林に囲まれた「祇王の道」をたどった先にある。苔むした古い宝篋印塔（ほうきょういんとう）五輪塔型で、下部に地蔵が彫られている。その右隣に建つ小さな五輪塔の墓が平清盛の供養塔と教えられた。

江戸時代に書写したとされる後白河法皇の京都・長講堂の過去帳には「閉（刀自）・祇王・祇女・仏御前」と四人の女性の名が為朝、為義に続いて記されている。

祇王の存在を伝える興味深いものは、近江国野洲郡義王村が祇王の故郷とされていること。『大日本地名辞書』には「旧江部庄といへり、近年祇王祇女の遺徳に因みて村名と為す」と記されている。遺徳とは祇王が清盛に願って出身地に灌漑用の水路を作らせたというもので、祇王の優しさが籠もった伝承と言える。

現在の滋賀県野洲市中北は祇王、祇女の生誕地とされ、村人が建立したという尼寺祇王寺があり、祇王屋敷跡碑のほか、姉妹の供養塔や『祇王寺縁起』が現存する。

祇王・祇女・閉の墓（左）と清盛の墓
（祇王寺：京都市右京区）

仏御前にも触れたい。

仏御前は加賀国能美郡中海村大字原村の出身で、原村は以前、仏の原と呼ばれた。都で生涯を閉じたはずなのに、謡曲「仏原」では、清盛から賜った阿弥陀如来を背負い、故郷へ戻る途中、白山麓の木滑（きなめり）で清盛の子を出

祇王像（右）と閉像（左）
（祇王寺）

祇王屋敷跡に建つ石碑
（滋賀県野洲市中北）

産する。だがその子は亡くなり、亡き子を供養した後、仏の原に帰って草庵に住み、「山風も夜嵐も声澄み渡る」と詠みつつ、治承四年（一一八〇）八月二十一日、二十一歳の若さで亡くなったというもの。

意外な話がもう一つ伝わっている。読経暮らしの仏御前に言い寄る男性が多く、嫉妬した村の女性たちが共謀して仏御前を殺したというのだ。別に、妊娠したと浮名を流され、抗議の自殺をしたともいわれる。以来、村の女性が昼間に出産する時は、必ず祟りの大風が吹くので、それを恐れて雨戸を閉め切り、暗くしたという。

仏御前が暮らしたあたりは、現在の石川県小松市原町の県道沿いで、仏御前の屋敷跡といわれる。この近くの阿稜山麓のスギ林の中に、仏御前の墓石があり、荼毘にふした場所と伝えられる。

小野小町

絶世の美女の末路哀れ

小野小町と深草少将の墓：欣浄寺（ごんじょうじ）　京都市伏見区西枡屋町1038
アクセス：京阪電車墨染駅徒歩2分
玉章地蔵：東福寺退耕庵（たいこうあん）　京都市東区本町15丁目793
アクセス：京阪電車東福寺駅徒歩5分

小野小町は平安時代初期に活躍した女流歌人で、六歌仙・三十六歌仙の一人とうたわれる。絶世の美女といわれるが、その風貌を示す文章は残っておらず、「百人一首」の読み札に見える平安衣装をまとった艶やかな絵姿が、わずかにその面影を伝える。

不思議なのは、出羽守小野良真の娘とも常澄の娘ともいわれるのに、生年も没年もはっきりしないこと。それなのに全国各地に小野小町の伝承があるのだ。とにかく絶世の美女・小町の墓を詣でなければならない。行く先は京都市の欣浄寺だ。

小町が生きていた時代の京都は、平安朝の都として文化が爛熟していた。小町が詠んだ歌は『古今集』に十八首、『後撰集』に二十二首、掲載されているが、そのほとんどが恋愛を歌った情熱的なものばかり。そのうちの一首。

いとせめて恋しき時はむばたまの

夜の衣をかへしてぞ着る

奔放な女性を感じさせる歌だが、その一方で、男性を冷たく見下して、相手にもしない一面も持っていたという。有名なのが深草の里に住む四位少将の「百夜通い」の伝説だ。深草の里とは、小町の墓がある欣浄寺のあたり。話はこうである。

小野小町と深草少将の墓
（欣浄寺：京都市伏見区西枡屋町）

小町の美貌に惹かれた四位少将は、恋文を送ってわが胸中を伝えた。すると小町は庭に車の榻（腰掛け）を置き、「ここで百夜続けてお寝（やす）みになったら、あなたの心に従いましょう」と返事をした。少将は深草の里から小町の住む山科まで毎晩通い続け、ついに九十九夜になったが、少将の父が突然、亡くなり、達成できなかった。

別に、九十九夜目に少将が倒れて死んだというのもある。だがこの話は、美人を鼻にかけた小町の傲慢さを伝える創作といわれ、謡曲の「七小町」

という作品になった。また小町の伝説を採り込んだ「小町物」が、浄瑠璃、歌舞伎、舞踊にまで及び、その美しさは多くの日本人の心をとらえて放さなかった。

意外な感に打たれるのは、小町の盛衰ぶりを伝える『十訓抄』第二、『古今著聞集』巻五だ。要約すると—。

小町は衣食に贅を尽くし、和歌を詠じて若い男性たちと交際するなど、奢りの暮らしをしていた。男性たちを軽んじ、女御や后の地位を望んだが、両親や兄弟の死で、一転、独りあばら家に住む身になる。最後は山野を浪々するようになった、というもの。

観阿弥作「卒都婆小町」は小町の晩年の零落ぶりを伝える代表作だ。高野山の僧が洛外の阿倍野を通りかかると、一人の老婆が倒れた卒塔婆に腰をかけて休んでいた。髪は白く、肉は落ち、腰が曲がり、粗末な衣装を着ていた。話をするうち小町のなれの果てと知る。老婆はやがて四位少将の霊に憑かれて「百夜通い」の様を見せる……。

目的地の欣浄寺は、京阪電車の黒染駅から徒歩二、三分ほど。静まり返った空間に古い五輪塔の墓が建っていた。小町と深草四位少将の墓なのだという。ここは小町ゆかりの地だから、墓があって当然だが、それが深草と二人の墓になったのは、後年、事情を知っている人が深草を哀れんで、同じ墓に埋葬したものと思える。

京都市東区退耕庵（東福寺）の小町寺には「小町老衰像」が現存する。ここの玉章地蔵は高さ二㍍もあり、その体内に小町に寄せられた艶書が多数収められているそうだ。

小町の墓は、ほかに京都府京丹後市大宮町五十河、山口県下関市豊浦町川棚中、福島県喜多方市高郷町、それに栃木県下都賀郡岩舟町の小野寺などにもある。滋賀県大津市大谷の月心寺には小町百歳像がある。

玉章地蔵
（東福寺退耕庵：京都市東区本町）

救われるのは、小町の故郷とされる秋田県雄勝町横堀の向野寺に残る小町像の存在で、小町自身が彫ったとされる。小町は小野良真（ここでは良実）の娘とされ、九歳の時、父とともに京都に戻り、十三歳で後宮の女官になるが、晩年は横堀と呼ばれた雄勝に帰り、九十歳で亡くなったという。それを伝える証拠品ともいえる。

和泉式部

和泉式部の墓：誠心院(せいしんいん) 京都市中京区新京極通六角下ル中筋487
アクセス：京都市営地下鉄京都市役所前駅徒歩10分

〝浮かれ女(め)〟と呼ばれて

和泉式部という女性は小野小町と並ぶ平安朝の女流歌人で、恋多き女といわれた。恋愛を何度も繰り返し、「浮かれ女(め)」とまで揶揄されたというから、よほどの女性だったのだろう。浮かれ女とは遊女を指す。だが和泉式部はそんな批判にも物おじせず、和歌でやんわりとやり返す。多彩な恋は私のもの、私のどこがいけないの、というわけだ。和泉式部は生年没年不詳。だが本人が残した『和泉式部集』『和泉式部日記』などによると、貞元二年（九七七）ころの生まれ。父は越前守大江雅致。母は越中守平保衡の娘で、冷和泉天皇の皇后昌子内親王のお乳母を務めた。

式部は若いころから男性遍歴を重ね、二十歳のころ、和泉守橘道貞と結婚して女子を生んだ。夫は真面目で有能な官吏だったが、式部と何かとソリが合わず、しかも生まれた子が誰の子なのかと噂された。

そんな時、冷和泉天皇の皇太子が現れ、人妻なのを承知で求愛した。式部がその愛を受け入れたため非難が集中し、夫から離縁、父から勘当された。ところが皇太子は病に罹かり、亡くなる。

ひっそり暮らす式部のもとに、亡き皇太子の弟の親王から求愛の歌が届き、何度か文を交わすうち結婚。親王が催す歌合の席にも出席して数々の和歌を詠んだ。この間に男子を授かったが、親王は二十七歳の若さで亡くなる。式部はわが子を宮邸に置き、実家へ。以後、宮中で出会った若い貴公子たちとともに和歌を詠む。このころ詠んだ和歌。

けさはしも思はん人はとひてまし
　　つまなき閨の上はいかにと

ある時、道命阿闍梨という学問も優秀な若い僧が式部を見てひと目惚れし、柑子（蜜柑の一種）売りに変装して式部に言い寄った。式部は最初は戸惑うが、その情熱に受け入れて深い仲になる。

寛弘六年（一〇〇九）、式部は一条天皇の中宮、彰子のもとに出仕した。中宮の父、左大臣藤原道長が、そんな式部と知って、式部の扇に「浮かれ女」と書いてひやかしたが、式部はすこしもひるまず、浮名を流し続けた。

　それどころか二年ほどして道長の嗣子頼通の家司、藤原保昌と結婚した。保昌五十三歳、式部は三十五歳くらい。保昌は武勇に優れ、豪胆な人柄で、時に式部をうとんじることがあったようだ。

和泉式部の墓
（誠心院：京都市中京区新京極）

　この間に最初の夫、橘道貞が亡くなった。式部の胸は激しく揺れた。こんな時、一人娘の小式部が心の支えになった。小式部は母と同様宮中に勤めたが、その美しさに惹かれて求愛する貴公子が多く、結局、道長の孫の教通と契り、男子を生んだ。

　夫の保昌が丹後守になったので式部は、小式部のことを同僚の女性に頼み同行した。

別れがよほど辛かったのだろう。

万寿二年（一〇二五）、夫は丹後守から大和守になるが、その秋、小式部は別の男性である頭中将公成の子どもを出産後、急死した。二十七歳だった。式部は悲嘆に暮れて次の歌を詠んだ。

　　などて君むなしき空に消えにけん
　　　　沫雪だにも　ふればふる世に

小式部に先立たれて二年、三条院妃枇杷殿杷子（道長娘）が亡くなった時、式部は夫保昌名で献上品を捧げた。これを最後に式部の消息は消えた。晩年は出家したといわれるが定かでない。

和泉式部の墓は、京都を中心に、播磨、丹後、伊勢、越後など各地に二十一もある。京都府中京区の誠心院の墓もその一つである。平安朝時代に流行した宝篋印塔の墓である。各地に比丘尼（びくに）の墓があり、それが出家した和泉式部のもの、ともいわれる。

安寿と厨子王

引き裂かれた母と姉弟

安寿と厨子王丸の供養塔：新潟県上越市中央3—12—7
アクセス：JR信越本線直江津駅徒歩20分
山椒太夫の首塚：如意寺（にょいじ）　京都府宮津市由良2358
アクセス：京都丹後鉄道宮津線丹後由良駅徒歩10分

安寿恋しやほうやれほ
厨子王恋しやほうやれほ

人買船にさらわれたわが子の名を呼びながら、畑に群れる鳥を追う老いた母。説経本『さんせう太夫』に登場する生き別れになった母と安寿、厨子王丸の姉弟の物語は、語り物、浄瑠璃、歌舞伎などで上演され、その後、森鷗外の『山椒太夫』（大正四年　一九一五）により、広く知られるようになった。話の筋はこうである。

天暦年間（九四七〜九五七）のころ、陸奥国の領主、岩城判官正氏は、部下の陰謀により九州の筑紫に流された。母は娘の安寿が十六歳、息子の厨子王丸が十三歳になった時、姥を伴い、姉弟を連れて、父を訪ねる旅に出た。

越後の直江津まで来た時、騙されて人買船に乗せられ、母と姥は佐渡島へ、姉弟は丹

安寿と厨子王丸供養塔
（新潟県上越市中央）

後の由良港の山椒太夫に売り飛ばされる。母に従った姥は絶望の余り、海中に入水した。奴隷にされた安寿と厨子王丸は、芝刈りや汐汲みなどに酷使される。

前途をはかなんだ安寿は、厨子王丸を逃がしてから、山麓の沼に身を投げて果てた。厨子王丸は国分寺の僧の計らいで都に逃れ、関白師実（もろざね）の庇護を受け、父の潔白を訴えて証明された。

厨子王丸は元服して正道と名乗り、丹後の領主に任ぜられると、人身売買を禁じ、奴隷になっている人々を釈放した。佐渡島に渡った正道は、「安寿恋しやほうやれほ」と歌う盲目になった老母を見

関川橋の橋桁に設置された「丹後へ流される安寿と厨子王丸」の銅板　（新潟県上越市直江津橋）

つけ、涙の再会を果たす。そして憎っくき山椒太夫を処罰する。

物語はいまから千年も前で、当時は労働力を得るために、人買いが横行していたというから、それが次第に粉飾されて、因果応報の物語が形成されていったと考えられる。佐渡島に残る「文弥人形」による物語は、その典型といってよかろう。

人買船が現れた直江津は現在の新潟県上越市直江津港である。ここで母と姉弟は、山椒太夫の手下に、「九州に行くなら、舟を二隻使った方がいい」と言葉巧みに騙され、母と姥は佐渡へ、姉弟は丹後へと連れ去られるのである。

直江津の関川に架かる大橋に二枚の銅板絵がはめ込まれていた。一枚は人買い舟に乗せられた母と姥が遠ざかっていく姉弟の舟に向かい、必死に手をふる姿を描いたもの。もう一枚は母と厨子王丸の再会の場面である。

驚いたことにこの川縁に「安寿と厨子王丸供養塔」が並んで建っていた。五輪塔の古い墓である。地元の人々がこの伝承を守っていこうと建立した、と聞かされた。

安寿と厨子王丸がさらわれた道を辿って京都府宮津市由良へ。ここに山椒太夫の屋敷があり、安寿はこの浜辺で太夫の手下どもに監視されながら汐汲みをした。安寿はやがて宮の谷で自ら命を絶つが、その場所に「安寿の堂」が建てられ、命日の七月十七日には祭礼が催されるという。

近くに「安寿の里もみじ公園」があり、安寿と厨子王像が建っていて、この物語が色濃く継承されているのを知った。

佐渡島に渡り、相川町へ。ここの鹿の浦に「安寿塚」、そのそばに「母・安寿、厨子王の碑」が建っていた。近くの高台は盲目の老母が歌を歌いながら鳥を追っていたところだという。

山椒太夫の首塚
（如意寺：京都府宮津市）

厨子王丸はやがて元服して奥羽・丹後守になり、怨み重なる山椒太夫を捕らえて、青鋸で首引きの極刑にする。通行人が青鋸を引いては立ち去る残酷なもので、太夫は二十四日目についに絶命した。

山椒太夫の墓は京都府宮津市由良の如意寺境内に建っている。切りおとした首を祭ったものという。宝篋印塔の古い墓で、そばに説明板がある。

天草四郎

天草四郎の墓と像：原城跡　長崎県南島原市南有馬町
アクセス：島鉄バス、原城前バス停徒歩15分

神の子、一揆の先頭に

島原・天草の乱は、領主の圧政に蜂起したキリシタン信者たちによる宗教戦争である。その戦いを指揮したのが十五歳の少年、天草四郎だった。なぜ四郎は戦いの先頭に立ったのか。

寛永十四年（一六三七）十月。島原の口之津の大百姓が年貢米三十俵を納められず、そのカタに取られた臨月の妻が水牢に入れられて責め殺された。島原・天草地方は毎年のように凶作に見舞われ、この年は異常気象で季節はずれのサクラが咲いた。

キリシタン信者たちは伴天連が遣わした『末鑑』の書の予言に書かれた「二十五年後に日本に一人の神童が生まれて奇跡を起こす。人々は頭に十字架を立てよ」の一文に注目した。そして神童とは天草の大矢野島の益田四郎時貞であるとの噂が広まった。

四郎の父は益田甚兵衛好次といい、かつてのキリシタン大名小西行長の家臣だったが、

関ケ原の戦いに敗れて浪人となり、同志ら五人とともに天草に落ち延びていた。

甚兵衛は同志らとともに島原の代表と何度も会い、十月十五日、「四郎様と申す人は天人にござ候」として蜂起の檄文を発した。二十四日に談合が開かれ、各村の庄屋らが参加して、天草四郎を盟主とする一揆の体制ができあがった。

神童の噂といい、檄文といい、談合による盟主決定といい、すべてが伴天連の『末鑑』を利用した甚兵衛らの策略と判断してよかろう。そこまで追いつめられていたといえる。

この日、島原代官が南有馬村と北有馬村で礼拝中のキリシタン信者二人を捕らえて島原に送り、処刑にした。翌二十五日は代官が北有馬村の農家に踏み込んで、逆に信者らになぶり殺された。騒然たる中、島原の一揆勢が蜂起して島原城を襲った。天草でも唐津領民が攻撃をしかけ、城代は割腹自殺した。四郎は父らとともに島原へ移った。

幕府は直ちに九州諸藩に討伐命令を出した。これを察知した一揆勢三万七千人は、刀や槍、鎌、鉈などを手に島原の原城に入り、守備体制を固めた。原城は新領主の松倉重政が新しく島原城を建築して移って以降、カラになっていた。

十二月十日、幕府軍は攻撃を開始したが、一揆勢の反撃に遇い近づけない。相手は農民と侮っていた幕府軍はたじろいだ。すかさず増兵が派遣された。

年が明けて寛永十五年正月、総勢十二万人余に膨れ上がった幕府軍は原城を攻めた。凄まじい攻防戦が続いたが、二月初めになって一揆勢の食料が尽きだした。二月二十七日、幕府軍は総攻撃を開始し、ついに原城は落ちた。八十八日間に及ぶ戦闘だった。四郎の最期を伝えるのが細川藩の次の記録である。

天草四郎の像
（原城跡：長崎県南島原市）

二十八日未明、本丸へ陣佐左衛門と三宅半右衛門が入った。一室に傷ついた若者が横たわり、そばで付添いの女性が一人、泣いていた。陣佐左衛門がすかさず男を斬り殺して首を取り、半右衛門が女性を刺し殺した。外へ出ると同時に城が焼け落ちた。

幕府軍は捕らえた一揆勢一万人をことごとく殺し、その首を城下の海岸線に並べて晒した。

四郎ら首脳陣の首は、晒台の上に竹の釘に突き刺して晒した。凄惨極まる処断だった。

四郎の墓は、思いがけず原城の城内に現存していた。自然石の正面を整えた墓で、西有馬町の民家の石垣内にあったのを、後年移したものという。墓にはこう刻まれていた。

天草四郎の墓
（原城跡：長崎県南島原市）

天保四年　天草四郎時貞　亥二月廿八日　母

天保四年は一八四四年だから、事件が起こって二百余年後になる。あるいは移設の年を示した数字なのかもしれない。ただ、母、の意味がわからない。

城内に天草四郎の像が建っていた。両手を組み前方を見つめる姿が凛として美しい。

水戸黄門、助さん、格さん

この印籠が目に入らぬか

水戸黄門の墓：瑞龍山 久昌寺の義公廟　茨城県常陸太田市新宿町239
アクセス：JR水郡線　常陸太田駅徒歩で20分
佐々介三郎宗淳（助さん）の墓：正宗寺　茨城県常陸太田市増井町1514
アクセス：JR水郡線常陸太田駅、茨城交通バス大門大間ヶ沢・棚谷秋の窪・下高倉行き増井徒歩2分
安積覚兵衛（格さん）の墓：茨城県水戸市松本町13－34　常磐共有墓地
アクセス：JR水戸駅北口バスターミナル7番、末広町経由バス保和苑入口

「静まれっ、静まれっ、この紋どころが目に入らぬか」

差し出す印籠に徳川家の家紋が。あっと驚き、平伏する悪者ども。テレビドラマ「水戸黄門」のラストに近い名場面である。

「水戸黄門」がテレビに登場したのは昭和三十年代（一九五五）だから、軽く半世紀を超える。黄門役者が代々変わっても、茶の間の支持を集めたのは、どんな難事件でも最後は見事に解決させる。それが見ている人々に安堵感を与えるのであろう。

水戸黄門は実在の人物で、本名光圀。寛永十三年（一六二八）、徳川ご三家の一つ、徳川頼房の第三子に生まれた。家康の孫に当たる。水戸徳川家を相続して第二代藩主に

水戸黄門の墓
（久昌寺の義公廟：常陸太田市）

なった。黄門の呼称は、水戸徳川家が中納言の家格からついたものである。

名君とうたわれ、徳川宗家である将軍家を支えた。生類憐みの令に逆らい、将軍綱吉にイヌの皮を送って法令の無謀さを諌めたのは、その代表的なものだ。在任中に水戸学を確立させ、彰考館を設立して藩士の教育に務めた。寺社の改革に乗り出し、寺社の破却、移転を断行、かたわら殉死を禁止した。その一方で快風丸を建造して蝦夷地を三度も探検し、北方の重要性を説いた。

元禄三年（一六九〇）秋、藩主を辞めて西山荘に隠居してからは、『大日本史』の編纂に全力を挙げた。この仕事に携わり、基礎資料の収集に全国各地を歩いたのが佐々介三郎（宗淳）、安積覚兵衛（澹泊）の二人。これがドラマの助さん、格さんのモデルになった。

助さんの介三郎は諱を宗淳、字名を子朴。ドラマ名は佐々木助三郎。後に彰考館総裁を務めた。格さんの覚兵衛は儒学者で、諱を覚、字名を子先、ドラマ名は渥美格之進である。

講談が生まれたのは幕末あたりというが、実際に河竹黙阿弥の「黄門記童幼講釈」が歌舞伎になったのは明治十年（一八七七）。内容は生類憐みの令に対する批判など。それが次第に変化していく。黄門自身は、時々藩内の領地を歩いたほか、日光、鎌倉、金沢、房総、熱海などに足を運んだが、せいぜいその程度。だが名君

助さんの墓
（正宗寺：常陸太田市）

格さんの墓
（常磐共有墓地：水戸市）

ゆえに、白髪に頭巾をかぶった黄門が、助さん、格さんを連れて諸国を行脚し、お上の横暴に痛めつけられている民百姓を救う「黄門漫遊譚」が成立していった。

　黄門人気を不動のものにしたのが、戦後に登場したテレビドラマ。黄門役はいずれも個性溢れる年輩の役者で、助さん、格さんの二人の若い美男役者が縦横に駆け回る。さらに脇役が花を添える、といった具合で、一気に人気番組になった。

　黄門が亡くなったのは元禄十三年（一七〇〇）十二月六日。前年あたりから食欲がなくなり、衰弱していた。死因は食道癌。享年七十三。

　黄門は、常陸太田市瑞龍町の久昌寺の義公廟に祭られている。日本最大の儒式墓所とされる。ここは母の菩提寺で、黄門建立の寺である。水戸市常磐町の常磐神社境内にある奉斎神社は黄門を主祭神として祭る。

助さんの佐々介三郎宗淳の墓は、常陸太田市増井の正宗寺にある。背の高い墓で、正面に「十竹居士佐佐君之墓」と刻まれている。号の十竹を冠した戒名である。

黄門、助さん、格さん像
（ＪＲ水戸駅前）

格さんの安積覚兵衛澹泊の墓は、水戸市常磐共有墓地にある。傍に「格さんの墓」ののぼりが立っていて、墓の正面に「故老牛居士安積君之墓」と刻まれている。老牛は晩年の号で、こちらも号を冠した戒名である。

ＪＲ水戸駅前に立つ黄門、助さん、格さんの銅像は、和やかな雰囲気を醸しだし、その前を通行人が交差する。筆者の横を若い女性が「今日もよろしくね」と言って通り過ぎた。

長谷川平蔵

長谷川平蔵供養碑：戒行寺　東京都新宿区須賀町9—3
アクセス：地下鉄丸の内線四谷三丁目駅徒歩7分

「鬼平犯科帳」の主人公

長谷川平蔵というより、小説やドラマの「鬼平犯科帳」の鬼平といった方が通りがいい。池波正太郎が世に送りだした火附盗賊改方長官で、実在の人物である。『鬼平…』が「オール読み物」に登場したのは昭和四十二年（一九六七）新年号から。以来二十数年にわたり掲載された。昭和四十四年からはテレビドラマになった。最初に鬼平を演じたのは歌舞伎の初代松本幸四郎（白鸚）、続いて二代目松本幸四郎、三代目が中村吉右衛門、そして…と続いた。親子兄弟が継続して主役を務めるのは珍しい。

鬼平こと平蔵は江戸末期の幕臣で、名を宣以、通称平蔵。安永二年（一七七三）、父の死により二十八歳で家禄四百石の当主となり、小普請組、西城御先手弓頭などを経て、天明七年（一七八七）、火附盗賊改になった。

火附盗賊改は、南北の奉行とは別のいわば特別警察で、江戸市中の犯罪はもとより、必要とあらば地方にも出かけた。この時期、幕府は「寛政の改革」を断行するが、農民一揆や犯罪が多発していた。平蔵は九年間にわたり江戸の治安維持に駆けずり回った。

四壁庵茂蔦は『忘れ残り』の中で「賞罰正しく慈悲心深く…人々今の大岡殿と称し、本所の平蔵とて世にかくれなし」と絶賛している。文中の大岡殿は大岡越前守を指す。

平蔵があまりに手柄を立てるので、同僚たちは不満を鳴らした。平蔵の後任火附盗賊改は「長谷川小ざかしき生質にて、様々な計をめぐらし」とまで批判しているから、よほど配下を使うのが巧みだったのだろう。

こんな話がある。ある夜、平蔵の配下が麹町を巡回していると、深編笠の怪しい人間が通りかかった。誰何（すいか）したが返事もせずに行き過ぎようとしたので、編笠を引きはぐと平蔵だった。慌てて詫びると「御大儀」と言ってその勤勉ぶりを褒めたという。長官はいつもどこかで見ている、励まなくては、という配下たちの心理を突いた逸話といえる。

神稲小僧と呼ばれる大泥棒が関東、奥羽に出没し、連日のように家々を襲い、金品を奪った。捕り方は躍起になってその行方を追ったが足がつかない。平蔵は目明かし、岡っ引きを使って探索を続け、ついに神稲を取り抑えた。平蔵は厳しく取り調べ、処断し

長谷川平蔵供養碑
（戒行寺：東京都新宿区須賀町）

たが、入獄する段になると、「神稲小僧ともあろう者がこんな身なりでは」と新しい衣服を与えた。神稲はその罪を憎んで人を憎まぬ平蔵のやり方に頭を下げた。

小説の中の平蔵の父は代々の旗本で、従五位下の官位を賜っていた。母は長谷川家の知行地の上総国から奉公に上がった女性で、妾腹が生んだ子である。そのせいか平蔵は家に寄りつかず、悪友と交わり、遊里に通うなど、屈折した青春を送っていた。人々から「本所の銕（てつ）」と蔑まされた。だがこの市井の体験が、火附盗賊改になってから、罪人を厳しく問いながらも、温情溢れる態度で接するという、魅力的な人格を育て上げる。

平蔵は軽い犯罪者や無宿者は人足寄場に収容して手業を習得させ、更生を許った。だが盗みに入って平然と人を殺す者や、女を侵す者を強く憎んだ。盗人なら盗人らしく振る舞えというわけだ。だから盗人たちは平蔵を「鬼平」と呼んで恐れた。

平蔵が火附盗賊改方長官奉行の職を辞したのは寛政七年（一七九五）五月十六日。その三日後の十九日、突然、亡くなった。五十歳だった。死因は過労死と推測できる。

平蔵の墓は、家系が絶えたので現存しない。明治末期に共同墓地に改葬されたが、後に無縁仏になったという。長谷川本家の墓は東京都新宿区の長谷川家の菩提寺の戒行寺にあり、そこに供養碑が建っている。大きな自然石の正面を角切りにして、白文字で「長谷川平蔵宣以供養養之碑」と刻まれている。そばに説明板があり、平蔵の父宣雄ら五人の火付盗賊改が葬られているのを知った。

お岩さま

四谷怪談の女主人公

お岩の墓：妙行寺（みょうぎょうじ）　東京都豊島区西巣鴨4―8―28
アクセス：地下鉄丸の内線四谷三丁目駅徒歩7分
於岩稲荷（四谷稲荷）の山門　東京都新宿区左門町17
アクセス：東京メトロ丸の内線四谷三丁目駅徒歩3分

幽霊の代表格といったら「四谷怪談」のお岩だろう。あのおどろおどろした風貌を映像で見て、震え上がった経験を持つ人も多いはず。お岩作品を制作する映画やテレビ会社は、お岩の墓に詣でてから撮影を始めるというから、やっぱり恐ろしい？

四世鶴屋南北作「東海道四谷怪談」が初公演されたのは文政八年（一八二五）。以来、現在まで続く息の長い作品である。物語は時代を経て少しずつ変ったが、大筋はこうだ。

お岩は浪人民谷伊右衛門と夫婦になった。この伊右衛門が隣家の御家人、伊藤喜兵衛の娘お梅に惚れる。お岩が邪魔になり、喜兵衛と相談して按摩の宅悦に頼んでお岩に毒を飲ませる。たちまちお岩の髪は抜け、顔半分が腫れ上がり物凄い形相になった。

「この恨み、晴らさでおくべきか」と呻きつつ立ち上がるが、柱に突き立った刃がお岩の喉を刺し、絶命する。そこへ中間の小平が来合わせたので、伊右衛門は小平を斬り殺して、お岩と心中したように見せかけ、戸板の裏表に釘づけして川に流す。

お岩の怨霊に取り憑かれた伊右衛門は、狂乱してお梅と喜兵衛を斬り殺す。隠亡堀へ釣りに出かけると、戸板に釘づけされたお岩の死体が流れ着く。おののいて斬りつけると戸板がふわりと裏返しになり、小平の死体が現れる。ついに伊右衛門は…という内容。

お岩の墓
（妙行寺：東京都豊島区西巣鴨）

この怪談の原点とされるのが文政十二年（一八二九）に四谷塩屋の町方が書き残した「於岩稲荷由来書上」。貞亭年間から元禄期（一六八四〜一七〇四）に起きた事件だ。

四谷佐門町の御先手同心、田宮又左衛門の娘お岩は、元来疱瘡のため片

於岩稲荷（四谷稲荷）の山門
（東京都新宿区左門町）

目が潰れた醜女だったが、浪人伊右衛門を婿に迎えた。ところが伊右衛門の上役、伊藤喜兵衛の妾ことが妊娠したため、喜兵衛はことを腹の子ごと伊右衛門に押しつけようと企て、二人を離婚させ、お岩を奉公に出す。だがそれが知れてお岩は錯乱し、行方不明になる。それ以降、田宮家は変死者が相次ぎ、家は断絶した。おののいた縁故者は旧宅に於岩稲荷を勧請し、霊を慰めた。これが現存する四谷稲荷、通称於岩稲荷であるというもの。

　四世鶴屋南北が「東海道四谷怪談」を書いたのは「於岩稲荷由来書上」の二年前。お岩をめぐる幽霊騒動はかなり早くから流布されていた証左ともいえる。南北はこれを書くのによほど神経を使い、甲州街道沿いの四谷を東海道にしたり、お岩の父の田宮姓を民谷に変えて夫の伊右衛門の姓にするなど、「これは作り話です」との配慮がのぞく。

それにしてもお岩と小平の遺体を釘づけした戸板が裏返しになる場面など、凄い発想と思ったら、これにもモデルになる事件があった。旗本の妾が中間と浮気したのがばれ、怒った旗本は二人を斬り殺し、遺体を戸板に釘づけにして川に投げ込んだ事件がそれだ。

お岩は演劇でも映画でもテレビでも、必ずといっていいほど大当たりした。でも主役のお岩のなり手がいないのが悩みという。戦後の話だが、お岩役を演じた美しい女優が、この作品を演じてから急に人気がなくなったのも、原因の一つなのかもしれない。

お岩の墓は東京都西巣鴨の妙行寺にある。門前に「お岩様之寺」と刻まれた標柱が建っている。墓は古い五重塔型の層塔で、背後に卒塔婆がぎっしり立ち並んでいた。自然石に「四谷怪談お岩様の墓」と刻まれていて、言葉にならない重苦しい雰囲気に、一瞬、体がこわ張るのを覚えた。

一方の於岩稲荷は新宿左門町の狭い小路に建っている。社は二つあり、鳥居をくぐる

お岩ゆかりの井戸
（於岩稲荷）

お岩さまと縁結び
（於岩稲荷）

と境内に赤いのぼりが立ち、その先に社殿が見える。もう一つの山門には「於岩稲荷」の提灯が飾られていた。境内にはしめ飾りつきの「お岩さまゆかりの井戸」が残っている。

ここは東京都指定旧跡になっていて、案内板によると、お岩はわが家の邸内に建つ稲荷を信仰していたので、「お岩さんの稲荷」と呼ばれた。お岩と伊右衛門の夫婦は、怪談話とは異なり円満だった、時代も二百年も隔たりがあるなどと記されていた。稲荷自体も、「悪縁を絶ち良縁を結ぶお岩さまとして、全国に知られています」と喧伝している。

幽霊を肯定する寺と、否定する寺。霊魂がたたずむその地に立って、幽霊にされてしまった女性がどうすることもできずに身もだえている、そんな奇妙な気持にさせられた。

お菊（番町皿屋敷）

皿の数を数える女の声

お菊の墓：晴雲寺　神奈川県平塚市立野町6―5
アクセス：JR東海道線平塚駅西口徒歩15分
お菊塚：神奈川県平塚市紅谷町15
アクセス：JR東海道線平塚駅西口徒歩5分

一枚、二枚、三枚……、忍び泣くような女の声。皿屋敷のお菊の幽霊話は、身震いするほど恐ろしい。これは大正五年（一九一六）、岡本綺堂の新解釈により『番町皿屋敷』として舞台化されたものだが、もとは若者の女性への嫉妬から始まったものだったとは。最初に、なぜ「皿屋敷」なのか、という話をしたい。天樹院（千姫）は再婚相手の本多忠刻に先立たれて後、姫路城から江戸のこの地に移り住んだ。だがまだ三十歳前後の若さで、いつしか表役を勤める花井壱岐という若者と深い仲になった。

そのうち花井が、召使の竹尾という少女と戯れているのを、天樹院が目撃した。嫉妬に狂った天樹院は、焼け火箸を少女の額に押し当てた後、殺害して井戸の中に投げ入れた。さらに花井を、自らの薙刀で切りつけ殺害し、同じ井戸に投げ捨てた。

この井戸は寛文六年（一六六六）、天樹院が亡くなると取り壊された。その後、久しく更地になっていたので、更屋敷と呼ばれた。

時を経て、江戸番町の火附盗賊改役、青山主膳がこの跡地に建った屋敷に入居した。元文五年（一七四〇）二月、同家にお菊という十六歳の女性が行儀見習いのため奉公に入った。このお菊に家来の若者が惚れて近づこうとしたが、相手にされない。若者は憎しみのあまり、家宝の皿十枚のうち一枚を盗んで隠し、青山にお菊が皿を紛失したと告げた。

激怒した青山は、お菊をやにわに手討ちにし、遺体を長持ちに入れて、平塚宿の実家へ送り返した。お菊の父は平塚宿の役人の真鍋源右衛門といい、変わり果てた娘の亡骸を見て絶句した。

この事件はさまざまに尾ひれがついて伝えられ、『諸国里人談』（寛保三年、一七四三）などに取り上げられた。いくつか紹介すると、お菊が誤って家宝の皿を一枚、割ってしまい、手討ちにされて遺体は井戸に投げ込まれた。その夜から、一枚、二枚、三枚と、皿数える恨めしい声が聞こえるようになった。

青山が「十枚揃いの皿が一枚欠けた」として、お菊の右手の指を一本斬り落とした。

お菊塚
（紅谷公園：神奈川県平塚市紅谷町）

お菊は苦悶の末、「生まれてくる青山の子に祟ってやる」と遺恨の言葉を残して古井戸に飛び込み死んだ。やがて青山の妻は赤子を生むが、両手指が一本足りなかった…。

お菊の幽霊話をより決定的にしたのが、寛政七年（一七九五）に皿屋敷の井戸から発生した幼虫の存在である。その虫の形がちょうど人間が後ろ手に縛られ、つり下げられた姿に似ていたことから、お菊の怨霊が虫に化したといわれ、「お菊虫」と呼ばれた。「お菊虫」は揚げ羽蝶の幼虫だが、場所が場所だっただけに、不気味な伝えを生んだ。

浄瑠璃「播州皿屋敷」は、お家騒動に絡んで武士の妻お菊が預かっていた皿を一枚盗みだす。その罪を着せられ責め殺されたお菊が、亡霊となって復讐する話になっている。お菊伝説や皿屋敷伝説は、東北から九州まで各地にあり、かつて千姫が居住した姫路城の二の丸にも、「お菊井戸」が現存する。

お菊の墓
（晴雲寺：神奈川県平塚市立野町）

この話は明治維新後も伝えられ、昭和になると、お菊はお岩と並ぶ代表的な幽霊になり、夏場には映画各社が競うように製作、上映した。

お菊の墓は、出身地である神奈川県平塚市の晴雲寺にある。正面に家紋と戒名の「貞室菊香信女」

姫路城の二の丸に現存するお菊井戸
（姫路市）

の文字が刻まれている。「昭和十三年五月建立、施主真壁延太郎」とあるので、浄瑠璃「播州皿屋敷」が広まったころ、末裔が建立したものと推察できる。

真壁家一族の墓が並んでいて、その一隅にお菊の父、源右衛門が詠んだ一句、「もの言わぬ晴れ着姿やすみれ草」の碑が立っている。当初は墓を建てることが許されず、センダンの木を墓標替わりにしたと伝えられる。

墓前にたたずみ、皿を紛失したと疑われ、殺されねばならなかった娘、怨霊にでもならねば己を主張できなかった女性の悲しい立場に、思いを馳せた。

赤い靴の女の子

青山霊園鳥居坂教会共同墓地：東京都港区南青山2―32―2
アクセス：地下鉄大江戸線、銀座線青山一丁目駅徒歩8分

異人さんに連れられて

赤い靴　はいてた　女の子　異人さんにつれられて　行っちゃった

童謡「赤い靴」は、作詞野口雨情、作曲本居長世により、大正十年（一九二一）に発表され、名曲として多くの人に口ずさまれてきた。でも異人さんに連れられて、「横浜のはとばから船に乗」って遠くへ行ったはずの赤い靴はいてた女の子の墓が、東京都港区の青山霊園にあるという。

なぜ歌に歌われた女の子が、ここに眠っているのだろう。横浜の波止場にたたずむ「赤い靴の女の子」像を眺めながら、その軌跡を辿るうち、思いがけない事実に直面した。女の子の名前を岩崎きみ、母の名をかよ、という。童謡が生まれるきっかけになったのは、雨情が札幌の北鳴新報記者になった明治四十年（一九〇七）、同僚の鈴木志郎の妻、かよから聞いた身の上話をもとにしたものだった。

赤い靴の女の子が眠る墓
（青山霊園鳥居坂教会共同墓地：東京都港区）

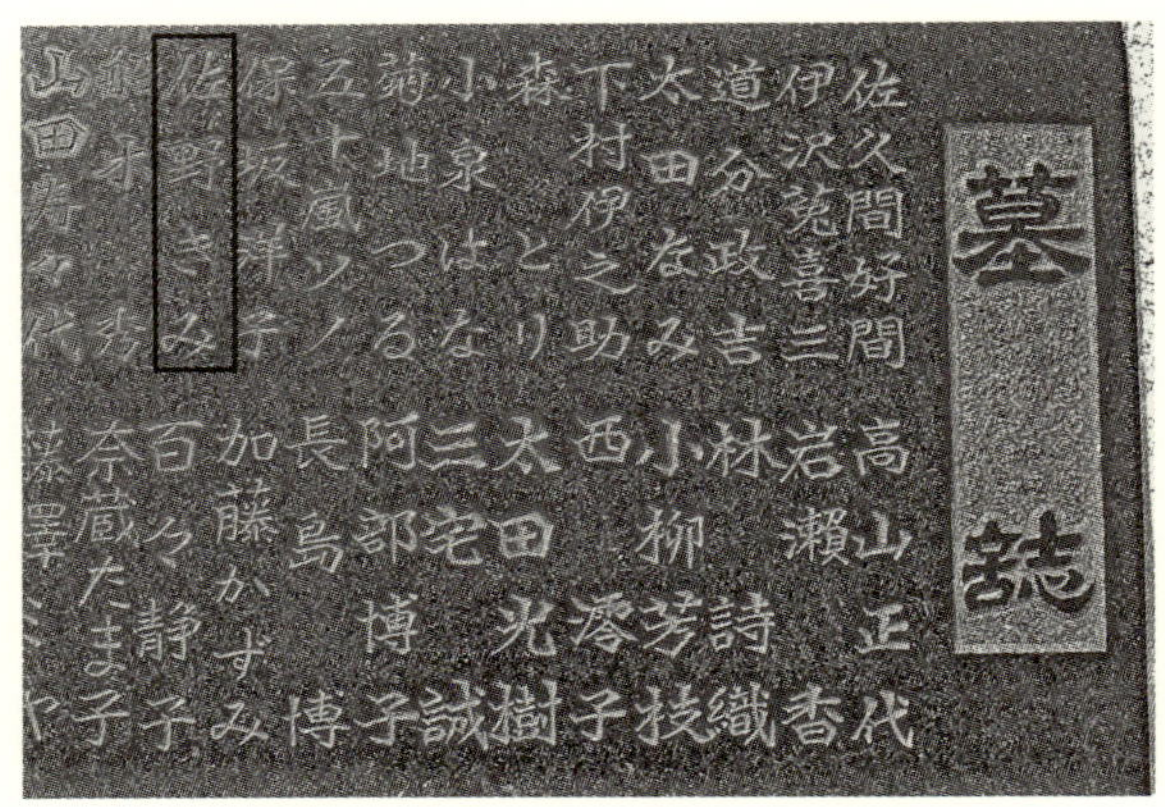

「墓誌」に「佐野きみ」の名が見える
（青山霊園鳥居坂教会共同墓地：東京都港区）

かよは明治三十五年（一九〇二）七月、静岡県清水町不二見村（現静岡市清水区宮加三）で、きみを出産した。十八歳。父の佐野安吉はそのころ事件を起こし、服役中だった。かよはきみを抱いて北海道へ渡り、函館の土産物店に勤めながら細々と暮らした。そこで社会主義者の鈴木志郎と知り合い、北海道の開拓農場で働くことになり、出所した安吉に勧められるまま、きみを東京在住のアメリカ人宣教師夫妻の養女に出す。幼子はアメリカ人宣教師夫妻に引き取られ、やがて夫妻の祖国であるアメリカへ渡っていった…。

かよは志郎に従って北海道後志管内留寿都村に入植するが、後に札幌に出て、志郎は北鳴新報に入社する。ここで同じ新聞社に勤める雨情の借家に一緒に住むようになり、雨情はかよから、養女に出したきみの話を聞き、深く心に刻み込んだ。

雨情が上京して雑誌「小学女生」に「赤い靴」が掲載されたのは大正十年（一九二一）。すでに十四年の歳月が流れていた。この詩に曲がついて、「赤い靴、はーいてたー 女の子」のメロディーはあっという間に人々の共感を呼ぶ。

「赤い靴」が発表されて半世紀も過ぎた昭和四十八年（一九七三）初冬、北海道新聞の読書欄に、富良野市に住む女性から投書が寄せられた。きみの妹に当たる方で、母かよ

赤い靴の女の子像
（山下公園：神奈川県横浜市）

は昭和二十三年（一九四八）、六十四歳で亡くなったという。

これに着目した北海道テレビのプロデューサーがアメリカに飛んで取材を続け、きみを養女にした宣教師ヒュエット夫妻の存在を突き止めるが、女の子がアメリカに来た事実はなかった。その後の追跡調査できみは、東京都麻布十番にあったメソジスト孤児院で、わずか九歳で亡くなっているのを知った。

残されたわずかな資料から推測すると、きみはアメリカ人宣教師夫妻の養女になったが、やがて病魔に襲われる。そんな折り宣教師夫妻に帰国命令が届く。病身のきみを連れて行くわけにもいかず、断腸の思いできみをメソジスト孤児院に預けた。だがきみの病状は悪くなるばかり。明治四十四年（一九一一）九月十五日、ついに天に召されたのだった。

きみは、東京都港区の青山霊園鳥居坂教会共同墓地に眠っている。箱型の墓で、正面の上部中央に十字架が見え、鳥居坂教会と記されている。墓右側の床面にある「墓誌」に亡くなった人の氏名が刻まれており、上段の右から十一番目に「佐野きみ」の文字が見える。父親がきみを孤児院に入院させる時に、佐野姓をつけたと判断できる。

赤い靴の女の子像
（青山霊園管理事務所玄関：東京都港区）

赤い靴はいてた女の子の像は、横浜だけでなく、東京都、静岡市、北海道の留寿都村、小樽市などに建っている。静岡市の日本平頂上の像は、かよときみが手を取り合う母子像だが、留寿都の像は、きみの母思像と、かよの開拓の母像が離れて建っている。

第四章
架空の主人公の墓

三河町の半七

半七塚：浅草寺（せんそうじ）　東京都台東区浅草2―3―1
アクセス：地下鉄浅草線浅草駅徒歩5分

捕物作家が建てた〝墓〟

『半七捕物帳』は江戸の岡っ引きを主人公にした捕物帳作品の元祖である。劇作家の岡本綺堂（おかもときどう）が大正六年（一九一七）から二十年間にわたり書き続けた。「三河町の半七」と呼ばれた小者の岡っ引きで、想像上の人物なのだから、墓などあろうはずもない。

でも、実際に岡本綺堂の筆になる「半七塚」と刻まれた自然石の墓が、東京都台東区の浅草寺に安置されているのだ。捕物作家クラブの人たちが、綺堂が亡くなって十年後の昭和二十四年（一九四九）十一月に建立した記念碑で、こんな文字が刻まれている。

捕物小説の生みの親なる岡本綺堂先生を記念して
その作中の主人公半七の名をここに留む
捕物作家クラブ同人

創作された半七は生きている、江戸風物詩の中に、われわれ後輩の心のなかに……、というわけだ。塚は墓を意味するのだが、この塚は、死ぬことのない永遠の生存を示す

半　七　塚
（浅草寺：東京都台東区）

碑、ということなのかもしれない。

実は『半七捕物帳』が現れる前まで、岡っ引きは、町人たちからマムシのように嫌われていた。町奉行の下に与力や同心がいて、その手先になって事件を追う。そんな軽薄な下級捜査員が、綺堂により、正義を重んじ、弱者を味方にする「岡っ引きの理想像」へと変貌していったのだ。

半七の風体は、捕物帳の第一作によると、年齢四十二、三の痩せぎすの男。縞の着物に縞の羽織を着た町人風で、色浅黒く鼻の高い。細長い顔に愛嬌にとんだ眼…。派手さはないが、都会的に洗練された江戸っ子スタイルの男性といえよう。

半七の素性についても詳しく設定している。文政六年（一八二三）、日本橋の木綿問屋の通い番頭の倅に生まれ、十三歳の時、父が亡くなる。母の心配をよそに家を飛び出して神田の吉五郎の子分になり、十七歳の時、石灯籠の捕物で初の手柄を立てる。吉五郎の死後、その遺言で娘のお仙と結婚して跡を継ぎ、二代目親分になる、といった具合だ。

半七が住んでいた三河町は神田橋に近く、八丁堀や奉行所に行くにも便利だ。半七の家は、玄関を入ると二畳の寄付き。次が茶の間で、長火鉢が置いてある。神棚には灯明が灯り、壁に子分たちの名前を書いた紙が貼ってあり、十手が並んでいる。床の間には近くの寺社から受けたお札がいっぱい置かれている。事件が起きると半七は、ここから素早く現場へ飛び、見事な立ち回りで犯人を捕らえるのである。

綺堂がこの作品を書くのに重宝したのが『江戸名所図会』だったという。大名屋敷や寺院などはもとより、狭い小路や用水路まで細かいところまで記されている。そのせいか、小説を読みながら江戸の町を散策しているような気持ちになる。

半七が岡っ引きを勤めたのは天保十二年、十九歳から慶応三年（一八六七）の四十五歳までの二十六年間に及ぶ。明治維新を迎えて岡っ引き家業を辞めて赤坂に隠居する。

そして時々訪ねてくる若い新聞記者に捕物の話をする、というように変貌する。

半七のモデルについて綺堂は後に、『サンデー毎日』に「半七紹介状」の題で、「明治二十四年の四月の日曜日に浅草・雷門の岡田という店で昼食をとった時に、偶然知り合った老人が半七のモデルである」と書いている。この老人は文政六年生まれで、友だちに昔、岡っ引きだった男がいて、その男から聞いた話をいくつもしてくれたという。指折り数えてみると、この老人、六十三歳だった計算になる。

一人の作家の書いた小説が、活字の世界を飛び出して映像の世界を駆けめぐり、作家が亡くなっても、後輩の作家が小説の主人公の塚を守っていく。虚構と現実が融合する、魅力溢れる文芸の社会がそこにある。

さて綺堂本人の墓だが、こちらは東京都の青山霊園（1種ロ8号30側）にある。一度、ぜひご参詣を。

銭形平次

寄り添うがらっ八の〝墓〟

銭形平次の記念碑：神田明神境内　東京都千代田区外神田2―16―2
アクセス：地下鉄銀座線末広町（聖橋口）徒歩5分

銭形平次といえばテレビドラマ、映画の人気者。逃げる犯人を追い詰めて、懐から取り出した銭をぴしりと投げる。犯人は面食らってたちまち御用となる。平次一番の見せどころで、観衆は思わず手を叩く。

野村胡堂の『銭形平次』が登場したのは昭和六年（一九三一）、『オール讀物』の創刊から。岡本綺堂の『半七捕物帳』が大当たりし、報知新聞に勤務していた胡堂は編集長から「半七に負けない捕物の新作を書くように」と依頼される。胡堂は即座に承知し、編み出したのが岡っ引きの銭形平次だった。

主役の銭形平次は三十一歳。捕物の名人で、惚れ惚れするようないい男。恋女房のお静は二十三歳で、こちらも美貌でしっかり者。子分のがらっ八は独身の三十歳。三枚目の役どころだ。

平次の飛び道具の投げ銭は、中国の古典『水滸伝』に出てくる豪傑張清の特技の投石にヒントを得た。しかし現実に銭を投げることなどあろうはずもない。昔の岡っ引きというのは給料など支給されず、上役の同心から僅かな銭が与えられるだけ。たいていは内職をして食いつないでいたというから、大事な銭を投げるなどとんでもないのだ。

だがこのアイディアがばっちり決まる。戦前に始まったこのシリーズが、戦後も昭和三十二年（一九五七）まで二十六年間にわたり掲載される大ロングセラーになった。短編長編合わせて三百八十三本に及ぶ。この間、登場人物は年齢も風体も変わらないというのがミソ。

これが次々に映画化されて、爆発的な人気を呼ぶ。長谷川一夫の平次親分はその美男ぶりが評判になり、女性客を吸い寄せた。以来、数々の役者が出演したが、圧倒的な人気を集めたのが大川橋蔵。平次といったら橋蔵といわれるほどの、ぴったりのはまり役となった。

「親分っ、てぇへんだぁ」。子分のがらっ八が神田明神下の長屋に住む平次のもとに駆け込んでくる。さっと立ち上がる平次。お静が後ろに回り、カチカチと浄めの石を打つ。

銭形平次の記念碑、右手にがらっ八の碑
（神田明神：東京都千代田区外神田）

駆け出す平次。追うがらっ八。

　この平次、犯人を捕らえても、よほどの悪人でない限りお縄にせずに帰すという、捕り方には珍しい平和主義者なのである。だから相手は平伏し、たちまち心を改めて、二度と悪事を働こうとしない。

　権力を振るって無理に自白させ、冤罪事件を引き起こすことの多い現代への警鐘さえ感じられるが、そんなこともあってか平次人気はうなぎのぼりに高まった。

　作家の野村胡堂が亡くなったのは昭和三十八年（一九六三）。映画が最高の娯楽とされたまっ只中だった。捕物作家クラブ所属の作家や映画関係者が胡堂の功

績を讃えて、東京都千代田区の神田明神境内に「銭形平次の記念碑」を建立した。

碑はずっしりと大きい自然石で、碑の正面に「銭形平次」と刻まれている。周囲を鉄柱で丸く囲んでいる。鉄枠の右隣に小さな石碑がおかれていて、これが子分の「がらっ八の碑」と知った。

かくて参詣者たちは、この大きな碑を、野村胡堂でもない、大川橋蔵でもない、銭形平次の墓と思って合掌するようになった……、というわけ。そばに建つ「銭形平次碑」の案内板などすっかり無視して。

その日、境内を訪れたら、二人連れの年配者が声高に映画の話をしながら、記念碑を眺めていたのが、何とも微笑ましかった。

銭形平次碑の看板
（神田明神）

南総里見八犬伝

「八賢士」が小説の基に

八賢士の墓：大岳院(だいがくいん)　鳥取県倉吉市東町422
アクセス：JR山陰線倉吉駅、バス堺町停留所5分
殉死八霊供養塔：館山城跡南麓　千葉県館山市館山351―2
アクセス：JR内房線館山駅東口、日東バス館山航空隊行、城山公園前徒歩5分

『南総里見八犬伝』は滝沢（曲亭）馬琴が四十八歳から七十六歳まで、晩年の失明にも屈せず書き著した全九十八巻百六冊に及ぶ膨大な小説である。これが芝居、映画、人形劇、テレビドラマなどになり、人気を集めた。実はこの物語にはモデルがあり、八人の忠臣の墓まであるのだ。最初に物語の経緯を述べると……。

遠い時代、安房里美家の初代義実は軍勢を率いて白浜に上陸し、山下定包を攻めて討伐し、その愛妾の玉梓をも処刑した。玉梓は絶世の美女だが、討たれる時は両眼がつり上がり、口は耳まで裂けた物凄い形相で義実に向かい、「この恨み必ず晴らす。生まれ変わってイヌになり、義実の子孫に祟ってくれようぞ」と叫び、果てた。

義実はこの一帯を平定して巨大な勢力を築き上げた。その拠点の一つが滝田城である。

『南総里見八犬伝』巻一
（国立国会図書館蔵）

数年後、義実は上総国椎津城主の万里谷入道浄蓮の娘を妻に迎え、やがて一男一女を授かる。姫の名は伏姫という。伏姫は美貌なのに先天的に口がきけなかった。義実夫妻は悲しみ、州崎明神に願をかけるが、満願の日、不思議な老人から「ある女の祟りじゃ。これをかけよ。さすれば口もきけるようになる」と言われ、数珠を渡される。数珠は八つの大粒の水晶で、一つ一つに仁・義・礼・智・忠・信・孝・悌の字が彫られていた。

そんな折、義実の居城滝田城に安西景連の軍勢が襲い、城を取り囲んで兵糧攻めにした。危機が迫り、もはやこれまでと思った義実は、愛犬の八房の頭を撫でながら「お前が敵将の首を奪ってきたら、伏姫を与える」とつぶやいた。すると八房はやおら城外へ走り去った。

ほどなく八房は血のしたたる敵将の生首をくわえて戻ってきた。味方は勢いづき、形勢は逆転し、義実方の勝利となった。

義定は八房に褒美を与えようとするが振り向かず、伏姫に擦り寄る。怒った義定が八房を殺そうとすると唸り声を上げて抵抗し、その挙げ句、伏姫を背に乗せて、富山の奥深く走り去った。

義定の命を受けた家臣の金碗(かなまり)孝徳は、密かに富山の奥の川を遡った。川向こうの岩屋で、伏姫と八房が仲睦まじく暮らしているのを目撃し、八房目がけて鉄砲を発射した。狙いたがわず、イヌが悲鳴を上げた。

勢い込んで対岸へ駆け寄ると、八房だけでなく、伏姫も血まみれになって死んでいた。と、その瞬間、伏姫の首にかけていた数珠の水晶玉がちぎれて空中に飛び散り、光を放った。時が流れ、水晶玉を持った八人の勇者が出会い、里見家再興に尽くす……。

この八犬士のモデルとなったのが、里見家十代忠義の時代に起こった里見家滅亡と八人の家臣の殉死事件である。

慶長十一年(一六〇六)、忠義は安房守に任じられ、大久保忠隣の孫娘を妻に娶った。

『南総里見八犬伝』のモデルになった「八賢士」の墓
（中央が主君里見忠義の墓）（大岳院：鳥取県倉吉市）

ところが大久保が謀叛を企てたとして失脚し、忠義もそれに加担したとして慶長十九年（一六一四）正月、安房十二万石から伯耆（ほうき）倉吉三万石に移封された。

忠義は謀叛の原因になった足軽らを呼び出し、厳しく査問したので、動揺して家中を去る者が続出した。しかも移封先の倉吉の石高は実際はごく僅かで、暮らし向きは悪く、そのうえ怪奇現象が続いて起こった。そうした中、忠義は死に、里見家は滅亡する。

忠義の死に従い、側近八人が殉死した。里見家の菩提寺である慈恩院住職の玉峰は忠義の叔父に当たるが、悲報を聞いて

殉死八霊供養塔
（館山城跡南麓：千葉県館山市）

倉吉に赴き、大岳院に忠義と八人の骨を祭るとともに、分骨して安房に持ち帰り、館山城の近くに墓を建てたのだった。馬琴はこの「八賢士」の話をもとに、時代を遡って「八犬士」の物語を書き上げたのである。

　倉吉の大岳院墓所には、主君忠義の墓に寄り添うように、「八賢士」の五輪塔の墓が建っている。千葉県館山市の館山城跡南麓にも「殉死八霊供養塔」が建っている。

　殉死した人びとの心情に触れながら、馬琴の奇想天外ともいえる創造力に舌を巻いた。

鬼婆の墓：観世音寺　福島県二本松市安達ケ原4—126
アクセス：JR東北線二本松駅、バス安達ケ原下車

赤子の生き肝を奪う老女

鬼婆の伝承は限りなく恐ろしい。その舞台が福島県二本松市安達ケ原で、鬼婆を祭る観世寺のそばに、鬼婆を葬った墓もあるという。なぜこんな伝承が生まれたのか。墓参りがてら、それを探る旅に出た。

ＪＲ上野駅から東北新幹線で郡山駅まで一時間二十分。普通列車に乗り換えて三十分余りで二本松駅の隣の安達駅に着いた。安達ケ原の観世寺はここから車で十分くらい、周辺は安達ケ原ふるさと公園になっている。

この地に古くから伝わる同寺の縁起によると、昔、京都の公家屋敷に岩手局（いわてのつぼね）という老いた乳母がいた。長年、世話をしていた姫が唖で口がきけず嘆いていると、易者が訪れ、妊婦の生き肝を食べさせれば治る、と述べた。老婆はその言葉を信じて遠くみちのくへ旅立ち、奥州安達ケ原の黒塚に住み着いた。

木枯らしの吹く晩秋の夕暮れ、伊駒之助と恋衣という若夫婦が老婆家を訪れ、宿泊した。ところが身籠もっていた若妻がにわかに産気づいた。伊駒之助が薬を求めて出かけた隙に、老婆は出刃包丁を振るって若妻の腹を裂き、その生き肝を取った。だがその若妻が持っていた守り袋から、幼くして別れた自分の娘とわかる。老婆は気が狂い、以来、人を殺して肉を食い、財を奪う鬼婆になった。

大きな木の下に建つ鬼婆の墓
（右端の小さな石：福島県二本松市）

数年後、熊野山の東光坊阿闍梨祐慶（とうこうぼうあじゃりゆうけい）という山伏が鬼婆の家に泊まるが、鬼婆が薪を採りに行く間に閨（ねや）を覗いて、人骨が散乱しているのを見る。山伏は逃げ出し、それを鬼婆が追いかけて立ち回り

鬼婆が住んだという観世音寺境内
（福島県二本松市安達ヶ原）

の挙げ句、山伏は背にした笈（おい）の中から如意輪観音像をを取りだし、鬼婆を調伏させた。そして鬼婆の亡骸をそばにそびえる老いた樹木の下に埋めた。

　これが平安中期に成立した勅撰（ちょくせん）歌集『拾遺集』に収められ、鬼婆の存在は決定的となった。三十六歌仙の一人、平兼盛の詠んだ歌を掲げる。

　　陸奥の安達が原の黒塚に
　　鬼こもれりといふはまことか

「安達原に鬼こもる」という話は古くから伝わっていて、『日本略記』には、寛平九年（八九七）七月、安達の里に額に角の生えた一つ目の赤子が生まれ、夷（い）

狄反乱の兆候と見ておののいた朝廷は、安達太良山の社位を贈って祈祷させた、と記されている。

この伝承が浄瑠璃五段物「奥州安達原」の題で歌舞伎になったのが宝暦十二年（一七六二）。前九年の役の安倍兄弟一族の物語が展開されて、鬼婆が三段目の通称「安達三」に登場する。後半は金春禅竹作の謡曲「黒塚」で、観世流「安達原」である。般若面をつけた鬼婆が撞木を持って舞い争う舞台は、震え上がるほどの不気味さが漂う。怨霊をことのほか恐れた時代に生まれた物語が歌枕になり、脚色されて能や芝居になり、やがて安達原の黒塚は恐ろしい舞台へと変化していったといえる。

安達原は、現在は二本松市安達ケ原と呼ばれている。鬼婆が住んでいた観世寺境内には鬼ノ岩屋があり、山伏が鬼婆を調伏した如意輪観音像を祭る観音堂が建っている。あたりに不気味な巨岩がいくつも見える。

宝物殿には鬼婆の絵物語をはじめ、妊婦の腹を裂いた出刃包丁、生き肝を入れた土器、射殺した矢の根石などが展示されている。空気が重く沈んだような印象である。そこに次の一首が掲げられていた。

皆人の心の奥のかくれ家に
　鬼も仏も我も住むなり

一瞬、はっとなった。人間の心に潜む奥深い怖さを指摘しているのだ。

「墓はあの土手の先にございます」

住職に教えられて、鬼婆が眠る黒塚を訪ねた。阿武隈川沿いに延びる土手を越えると、大きなマツの木の下に「黒塚」と刻まれた石が置かれていた。これが鬼婆の墓である。そばに平兼盛の詠んだ前述の和歌を刻んだ碑が見える。

老婆はなぜ鬼婆にならねばならなかったのか。ここに立って、宝物殿の一首が持つ意味を、重く噛みしめた。

お富与三郎

しがねぇ恋の情けが仇

与三郎の墓：光明寺　千葉県木更津市中央1―3―5
アクセス：JR内房線木更津駅西口徒歩1分
お富・与三郎の墓：天妙国寺　東京都品川区南品川2―8―23
アクセス：京浜急行青物横丁駅徒歩6分

粋な黒塀みこしの松に　あだな姿の洗い髪　死んだはずだよお富さん……

春日八郎が歌って大ヒットした歌謡曲「お富さん」。この舞台は千葉県木更津市にあり、切られ与三と呼ばれた男の墓もあるという。それではお富さんの墓はどこに？　というわけで、カメラを担ぎ目的地を目指した。

「お富与三郎」は江戸末期の講談、落語、歌舞伎、小説などの登場人物として知られる。実説は天保から弘化年間（一八三〇～四七）にかけて、江戸の歌舞伎の三座に出ていた長唄の師匠、四世芳村伊三郎が起こした情痴事件がもとになっている。

伊三郎の相手の女性というのが、木更津の顔役、明石金右衛門の妾お政。だが二人の仲が金右衛門に知れて逢瀬の現場に踏み込まれ、伊三郎は小刀で体中をずたずたに切られてしまう。

枝を広げる松の木
（光明寺）

二人は江戸に逃れて家庭を持ち、その間にできた娘が「お富」。伊三郎の弟分の蝙蝠安（こうもりやす）も実在の人物だったようだ。

この話をもとに嘉永年間（一八四八〜五四）ころ、講釈師乾坤坊良斎（けんこうぼうりょうさい）が「お富与三郎」を作り、世話物の代表作となった。この間の嘉永六年（一八五三）、三世瀬川如皐（じょこう）が歌舞伎化し、「与話情浮名横櫛（よわなさけうきなのよこぐし）」、通称「切られ与三」として公演した。九幕物の長丁場で、登場人物が入り乱れて展開するが、現在上演されているのは二幕「木更津浜辺の場」から四幕「源氏店の場」まで。

粗筋を述べると、江戸伊豆屋の若旦那与三郎は、木更津の浜辺で土地の親分赤間源左衛門の妾お富を見初める。二人は深い間柄になるが、密会の現場を源左衛門に抑えられて、与三郎は体に三十四カ所の傷を負わされる。お富は海に身を投げるが、和泉屋の番頭多左衛門に助けられる。

三年後、ならず者になり、「切られの与三」の異名をとる与三郎は、弟分の蝙幅安(こうもりやす)とともに、源氏店の妾宅にゆすりにいく。そこで「死んだはずのお富」を見いだした与三郎は、恨み言を交えた啖呵を切る。これが「しがねぇ恋の情けが仇」で始まる名セリフである。

二人が立ち去り、お富は助け出して囲ったまま手も出さない和泉屋の番頭多左衛門が、

与三郎の墓
(光明寺：千葉県木更津市中央)

お富の実の兄であったことを知る。

「切られの与三」の人気は大変なもので、維新前後、劇場付近では「与三郎饅頭」が売られたほどだったという。その後、作品はさまざまに脚色されて、大正時代(一九一二〜)に入ると歌舞伎界切っての名出し物になった。

与三郎とお富の墓（芳村家の墓）
（天妙国寺：東京都品川区南品川）

戦後は歌謡曲「お富さん」が大ヒットしたのを始め、映画「お富と与三郎」などが上映され、〃お富さんブーム〃を現出した。

与三郎の墓は、千葉県木更津市の光明寺にある。あずまやの中に、ゆったりとくつろぐように佇んでいる。そばに「与三郎の墓」と書かれた標識が見える。寺のそばに歌詞の「粋な黒塀みこしの松に」を思わせる美しい松が枝を広げていて、うっとりさせられた。

ところで相手のお富の墓はどこにあるのだろう。訊ねても、わからないという。だが、その理由がわかった。与三郎のモデルが長唄の芳村伊三郎であり、東京都品川区南品川の天妙国寺の「芳村家之墓」に二人は眠っているのだという。それを聞き、なぜか安堵の胸をなでおろした。

河内山宗春の墓：高徳寺　東京都港区北青山2―10―26
アクセス：地下鉄銀座線外苑前駅徒歩3分

河内山宗春

〝天保六花撰〟の元締め

二代目松林伯円が「鼠小僧次郎吉」「鬼神のお松」などに続いて書いたのが「天保六花撰」である。この六人組の元締めがお数寄屋坊主の河内山宗春。権力をかさに着て威張り散らす者たちを、小気味よい啖呵でやっつけるのだ。でもこれは舞台上の話で、本当はゆすりたかりの悪党だった……。

河内山宗春は実在の人物で、本来の仕事は幕府小普請組の彦坂近江守の支配下に置かれていた。先祖が御土圭役坊主を勤め、祖父、父と続いたが、屋敷が何度も火災に遇い、神田山本町に改めて屋敷を与えられた。御土圭役坊主とは、城内の「時計の間」に勤務し、時刻を知らせる役目をする。

若くして亡き父の後を継いだ宗春は、拝領の屋敷を町人に貸して、自分は下町練塀小路に住み、家賃と家禄で生計を立てていた。それほど暮らしはよくないのに、子分を集

河内山宗春の墓
（高徳寺：東京都港区北青山）

めて親分になり、白縮緬の単重に髑髏と卒塔婆を染め抜き、「身のほど知らず」と大書したのを着込んで、町を悠然と歩いた。

目立つ姿で強持てなのを利用して、僧侶や商人の弱みにつけ込み、子分を使ってゆすりたかりを重ねた。

宗春自身もゆすりをしており、芝居になった「天衣紛上野初花」の「丸伊の強請の場」は派手な啖呵が見物である。

宗春が店先に珊瑚の玉を並べさせて品定めする仕種をしながら、鼻をかんだ紙に、玉を一つ包んで、ぽいと表に捨てる。そこへ一味の紙屑屋が現れ、それを拾って背負い籠に入れて立ち去っていく。番頭が玉を数えて一つ足りないと言うと、宗春は泥棒扱いされたと怒り、素っ裸になり大見得を切る。番頭が平謝りに謝り、大金を出させてやっと引き取る。呉服などの大店は普段あくどいほど儲けているので、観衆は胸のすくような台詞に喝采を浴びせたのである。

「雲州松江侯奥女中取戻しの場」も痛快である。宗春が質屋を訪れ、木刀を質草に五十両貸せとゆする。ここで松江侯の腰元になっている質屋の娘が殿の妾になれと迫られているのを知り、五百両で助けてやると持ちかけ、手付金百両を懐にした。そして上野寛永寺の僧に化け、手下を供侍に仕立てて松江の上屋敷に乗り込み、殿を呼び出して脅し、娘を取り戻す。だが正体を見破られて開き直り、出るところに出る、と啖呵を切った。家老の取りなしでその場は収まるが、宗春は娘を連れ、相手を罵倒して引き揚げる。

物語はこんな調子だから痛快だが、実際はあくどいもので、相手が誰であろうとかまわない。弱みを握ったら骨の髄までとことんしゃぶにという手のつけられない大悪党だったらしい。

宗春の事件が表面化したのは文政七年（一八二四）だが、やがて年号が天保に変わったので、二代目松林伯円は「語呂のいい天保に」として、実在の宗春に、一味の子分となる片岡直次郎、斎藤孫八郎、森田屋清蔵、暗闇の丑松、金子市之丞の五人を創作して、小気味よい物語を作り上げたのである。

というわけで、墓は当然だが宗春のものしか存在しない。東京都港区の高徳寺の墓所を訪ねた。墓はなだらかな形をした小型のもので、正面に何やら文字が彫ってあるが、崩れて読めない。そばに建つ石標に「求道浄欣信士」の戒名からもその存在が読み取れない。

宗春の碑は高徳寺の入口にあった。自然石を用いた大きなもので、こちらは「河内山宗俊之碑」と刻まれていた。文字が一文字違う。それがなぜか照れ隠しのように見えて、笑みがこぼれた。

河内山宗俊之碑
（高徳寺入口）

日本左衛門（駄右衛門）

〝白波五人男〟の棟梁

日本左衛門の墓：宅円庵　静岡県島田市金谷東2―13―2
アクセス：大井川鐵道新金谷駅徒歩6分
日本左衛門の首洗い井戸：徳之山稲荷神社　東京都墨田区石原1―36―10
アクセス：地下鉄大江戸線両国駅徒歩6分

「問われて名乗るもおこがましいが、産まれは遠州浜松在、十四の時から親に離れ、身の生業（なりわい）も白波の、沖を越えたる夜働き、盗みはすれど非道せず、人に情けを掛川から……」

　ご存じ〝白波五人男〟の首領、日本駄右衛門の粋なセリフ。場内から威勢のいいかけ声が飛ぶ。五人男は駄右衛門を筆頭に、南郷力丸、忠信利兵衛、赤星十三郎、そしてもっとも人気の高い弁天小僧菊之助だ。

　白波とは『後漢書』に出てくる盗賊団「白波賊（はくばぞく）」から取ったもので、盗人を指す。幕末の狂言作家の河竹黙阿弥（かわたけもくあみ）は、江戸市中を荒らし回って捕まった日本左衛門の名をもじって駄右衛門とし、そこに小悪党を配して大衆受けする物語を作り上げたのである。

　文久三年（一八六二）、歌舞伎「青砥稿花紅彩画（あおとぞうしはなのにしきえ）」と題して初公演したところ大評判になり、花形役者の錦絵は売れに売れた。作品は「白波五人男」となり、明治、大正、昭和を経て平成の現代まで上演され、これまでもっとも数多い上演作品となった。

見どころは三幕目の「浜松屋の場」で、武家娘に女装した弁天小僧が供侍に化けた南郷力丸を従えて呉服屋浜松屋に現れる。品選びする隙に万引きしたと見せかけ、店の者に額を

日本左衛門の墓
（宅円庵：静岡県島田市）

叩かせておいて、その額の傷を種に百両をゆすり取ろうとする。

そこに客として居合わせた黒頭巾の武士が二人の正体を見破り、店主幸兵衛を安堵させる。だがこの黒頭巾、実は賊徒の首領、日本駄右衛門で、その夜、饗応を受けているうちに正体を現し、一味の忠信利兵衛、赤星十三郎も押し入ってきて、大金を強奪しよ

う迫る。しかし話をするうち弁天小僧はこの店の幸兵衛の倅、また幸兵衛の倅として養われた宗之助は駄右衛門の子とわかる。そこへ追手が迫る、という展開である。

この作品の登場人物は、実在の日本左衛門を日本駄右衛門にしたほか、浜島庄兵衛一味の手配書に出ている名を使っている。南宮行力丸は南郷力丸だが、忠信利兵衛、赤星十三郎はそっくりそのまま。ところで肝心の弁天小僧だけは、該当するモデルらしき名前は見当たらない。何かを参考にしているはずなのだが…。

さて、日本駄衛門として舞台で名をはせる形になった本物の日本左衛門はどうだったのかというと、悪代官を斬って遠州から江戸へ逃れ、向島に居を構えた。捕り方は左衛門を追うが、剣術に優れているうえ、神出鬼没でなかなか捕まらなかい。この間、左衛門はしばしば火付盗賊改の徳之山五兵衛秀栄のもとに姿を現すが、五兵衛は黙殺する。延享四年（一七四七）一月七日、左衛門は京都奉行所に自首し、江戸の小伝馬町牢獄に送られ、三月十一日、市中を引き回しのうえ、徳之山で五兵衛により処刑、獄門になった。二十九歳だった。

五兵衛が処刑前、左衛門に「思い残すことはないか」と訊ねると、「日光を見たことがない」と答えたので、日光参詣を許したという逸話が残っている。首は遠州見附で獄門にさらされたが、愛人が盗んで金谷宿の宅円寺に葬った。

日本左衛門の墓は、かつて遠州見附が置かれていた静岡県磐田市見附の見性寺にある。同県島田市金谷にはあずまやに覆われた首塚があり、近くに左衛門が盗みに入る前、着替えをしたという庚申塚が見える。

日本左衛門の首洗い井戸
（徳之山稲荷神社：東京都墨田区）

東京都墨田区徳之山の徳之山稲荷神社には、左衛門の首を洗ったという井戸が現存する。

だが弁天小僧や南郷力丸ら想像上の人物の墓は、当然ながら、ない。

第五章
別世界に現れる人物の墓

キリスト

キリストの墓：青森県三戸郡新郷村戸来野月33―1
アクセス：JR八戸線八戸駅、南部バス五戸行き終点。五戸より南部バス羽井内行き、キリスト公園前下車

なぜここに墓があるの？

ゴルゴダの丘で磔刑になって死んだはずのキリスト。実は密かに逃れて日本に渡り、青森県三戸郡新郷村に住み着いて、百六歳の天寿を全うしたという。でもそんな話、にわかに信じることができますか？

信じるも信じないもない。この新郷村戸来野月に「キリストの墓」があり、近くに「キリストの里伝承館」が建っているのだ。一体これ、どういうことなの？

事の始まりは「竹内文書」を研究する茨城県磯原町（現北茨城市）の皇祖皇太宮の宮司らが、文書の内容説明にこの地を訪れた際、キリストの墓を発見したのである。いまから八十年ほど前の昭和十年（一九三五）のことだ。

この村にはそれまでキリストに関する伝承などはまったくなかっただけに、降って沸いたような話に村内は騒然となった。いや、村内といわず、国内はおろか世界にまでも

この話が行き渡り、学者やジャーナリスト、マスコミなどから「神を冒涜するのもはなはだしい」との批判が出た。

だがいったん火がついたキリストの墓への関心は、逆に神秘とロマンを呼び起こして、騒ぎはエスカレートの一途を辿った。学者が現地調査に入り、見物客がひきもきらない状態に。

一番燃え上がったのが地域の村人たちだ。この地はもともと「戸来（へらい）」と呼ばれ、それ以前は「へぶらい」と呼ばれていたこともあり、墓の存在を純粋に信じて、語り合い、伝え合い、祭日になると墓参りの後、墓の周囲を歌を歌いながら踊るようになった。

その歌詞というのが、意味不明なのだ。よく聞くと、こんな感じなのだ。

なにゃどら〜　なにゃどらされの　なにゃどやら〜

広い土饅頭に高さ二㍍もある十字架を立てた墓の回りを、人々はこの歌を、何度も何度も、繰り返し繰り返し歌いながら、回るのである。ヘブライ語で、なにゃどやら、というのは、神を崇める意味になる、と土地の人は言うのだが、本当のところはわからない。でも、そう伝えられているから、それを信じて歌い、踊るのである。

キリストの墓
（青森県新郷村）

キリストの里伝承館
（青森県新郷村）

興味本位も含めて騒ぎはいっこうに収まらず、困惑したのは新郷村である。自治体は一宗教に偏ってはいけないが、かといって黙って放っておくわけにもいかない。その挙げ句、真摯に対応するにはこれだ、と決断したのが「キリストの里伝承館」の建設である。

こうして伝承館は平成八年（一九九六）に建設された。伝承館の前に次のような文章を掲げた。

　この伝承館は、神秘・ロマンにだけ主眼を置いて、この村の「キリスト伝説」を伝えるのではなく、社会的観点から報道されている著書や報道を元に、この伝説の背景などを客観的に解説し、来館された方々の個々の価値観から神秘・ロマンに想いをめぐらせていただく事を目的に作られています。

この表現は、苦肉の策とはいえ、まことに的を得たものといえる。だが入館者は、そんな地方自治体の苦渋などまったく理解しない。面白半分やって来る人も多く、夏休みなどは親子連れで賑わうというから、ちょっとした観光施設である。

でも「キリストが来たって本当か」とか「こんなことで金儲けしやがって」などというあらぬ言葉も聞こえてきたりして、地方自治体の悩みはどこまでも尽きないとか。

卑弥呼

卑弥呼の墓はここに?:吉野ケ里遺跡　佐賀県吉野ケ里町
アクセス:JR長崎本線佐賀駅↓神埼駅約9分、JR吉野ヶ里公園駅約12分

邪馬台国の女王が君臨

卑弥呼（ひみこ）、なんとロマンに満ちた響きを持つことか。卑弥呼は邪馬台国（やまたいこく）の女王というほかに、倭（わ）の小国群によって形成された連合体制の女王だったともいわれる。いずれにせよ古代のわが国を支配した上王であることに間違いあるまい。だから卑弥呼の話になると、邪馬台国はどこに、という論争になってしまうのだ。

卑弥呼が文献に出てくるのは中国の『三国志』の「魏志・東夷伝・倭人」の条で、一般に『魏志倭人伝（ぎしわじんでん）』と略称する。後漢の霊帝光和年間（一七八～一八五）、それまで男性の王が統治していた倭の国に大乱が起こり、騒動はなかなか治まらなかった。その時、推されて立ったのが卑弥呼である。卑弥呼が女王の座について大乱は収まった。

なぜ収まったのかというと、卑弥呼は鬼道、つまりシャーマン教の巫女（みこ）で、占術に優れていたとされる。政治と宗教がまだ分離されていない段階に現れた巫女王であった。

卑弥呼の像
（佐賀県神崎市、ＪＲ神崎駅前）

卑弥呼についての資料はほとんどない。わずかに女王になった時、独身だが、すでにかなりの高齢に達していたという。卑弥呼は人前に姿を見せることなく、宮殿の中に婢（はしため）千人を侍（はべ）らせ、宮殿の周囲には兵士を守衛させていた。宮殿に出入りできる男性はただ一人で、飲食物を運んだり、連絡の役目を果たした。だから卑弥呼の周辺は神秘のベールに包まれていた。

卑弥呼が中国の書物に現れるのは、魏明帝の景初三年（二三九）、魏都の洛陽へ使者を派遣した時で、帝より詔書をはじめ多くの下賜品を賜った。その後、狗奴国（くなこく）の男性王・卑弥弓呼（ひみここ）と戦いになり、卑弥呼は西暦二四三年と二四七年の二度にわたり、帝に使者を派遣して援助を乞うている。

卑弥呼が亡くなったのはいつか。『魏志倭人伝』によると、二度目の遣使の記事の後に、卑弥呼の死を載せているので、この年か前年と推察できる。死後、径百歩（約一六〇メートル）の大きな家が造営され、そこに奴婢百余人が殉葬されたとあるが、当時、殉死の習俗があったかどうかはまだ明らかではないという。

卑弥呼亡き後、倭の国は男性の王を立てたが、国内は承服せず戦乱に陥ったため、卑弥呼の宗女（宗教上の娘）で十三歳の少女の壱与（いよ）に跡を継がせ、事態を収拾した。壱与が女王として西晋へ遣使を出したことが文献に出ている。男系の世襲王権が成立するのは、この後である。

卑弥呼については諸説があり、神功皇后や倭迹迹日百襲姫命（やまとととひももそひめのみこと）を卑弥呼と同一人物とする説などがある。これは邪馬台国を近畿にするか、九州とするかにより異なる。江戸時代の学者、新井白石は最初に近畿説を唱え、その後、九州説を主張し、以後、論争は続いている。

だから卑弥呼の墓は、近畿、九州を中心に各地に存在する。有力な一つが奈良県桜井

卑弥呼の墓はここに？
（吉野ケ里遺跡：佐賀県）

市の纒向遺跡。ここは卑弥呼の宮殿のあったところとされ、箸墓古墳が卑弥呼の墓であるとしている。だが平成元年（一九八九）、佐賀県の吉野ケ里町と神崎市に広がる吉野ケ里遺跡が発掘され、ここに卑弥呼の墓があるとする主張も出ている。

神崎市のＪＲ神崎駅前には卑弥呼像が建てられ、その左指が整備された吉野ケ里遺跡公園を指しているのが、いかにも暗示的である。

卑弥呼を取り上げた小説の中で、横光利一『日輪』は、まったく資料のない王位に就く前を描いたもので、自由な発想から舞台や人物像を照射していて、抜群に面白い。だがそこに卑弥呼の謎を解く鍵があるわけではない。真実は夢幻の果てしない彼方に茫漠と漂うばかりなのである。

徐福

徐福の墓：徐福公園　和歌山県新宮市新7178
アクセス：JR紀勢本線新宮駅徒歩2分
徐福渡来の地：新井崎神社　京都府与謝郡伊根町新井
アクセス：京都丹後鉄道宮豊線天橋立駅からバス65分、大原口下車徒歩20分

不老長寿の霊薬を求めて

徐福伝説を知っていますか。中国の秦の始皇帝の時代（紀元前三世紀ころ）、始皇帝の命を受けた徐福は、多くの童男、童女を引き連れ、不老長寿の霊薬を求めて船出した。向かったのは蓬莱、方丈、瀛洲のある東海の三神山だった。

徐福は九年後に、霊薬を入手できないまま戻るが、始皇帝の命で再び出帆し、二度と帰らなかった。以上は司馬遷の『史記』によるもので、これが徐福伝説の始まりである。

唐代になってこの伝承を、李白が「古風」の題で詠み、さらに白楽天が「海漫漫」で詠んだ。そして徐福が渡海して千二百年も経った十世紀半ばに、初めて釈義楚が『義楚六帖』に、徐福が日本の富士山に漂着し、その子孫が秦氏を名乗った、と書いた。

富士山に漂着するとは、いかにも不自然な表現だが、この書をもとにわが国の書物にも徐福が登場しだす。最初に徐福の名が現れるのは『本朝神社考』巻四及び『本朝怪談

故事』巻二の文献。これにより徐福は日本に至り、紀州熊野または富士山に永住したという伝承が、中国と日本で語られるようになる。

弘安二年（一二七九）になって、宋僧の無学禅師が紀州熊野に徐福の墓らしきものを確認したことで、徐福の永住地であると断定。これと並行して徐福の遺跡と称する祠や徐福の侍臣七人を祭る七塚が発見された。

徐福の墓
（徐福公園：和歌山県新宮市）

徐福の墓とされる「秦徐福之墓」の文字は元文元年（一七三六）、初代紀州藩主の徳川頼宣の命により、儒学者李梅渓が揮毫したとされる。七塚は以前、北斗七星の形で置かれていたが、大正四年（一九一五）、地元の熊野地区の青年会が建立したという。

ここが現在の和歌山県新宮市新宮七一七八に当たり、熊野川の河口が徐福の漂着地であり、阿須賀神社の社殿の背後の山が蓬莱山であるとした。しかも熊野付近の浦辺にはその名も秦住村という集落があり、那智で産出される紙は、徐福がもたらした製法によるもので、徐福紙と呼ばれるという。京都府下丹後半島伊根町新井崎の新井崎（にいざき）神社一帯で採れる特産の「にいよもぎ」は、徐福が捜し求めた霊草との言い伝えさえある。

徐福公園の楼門

別の取材で丹後半島の東岸を走っていて、偶然「徐福渡来の地」の標識を見つけた。新井崎神社への道が記されていて、近くの岩場の洞穴とおぼしきあたりに「秦の始皇帝の侍臣徐福着岸の趾」の碑が立っていた。

時代が経過するに従い、徐福の漂着先は増えて、富士山、熊野だけでなく、熱田や八丈島まで広がり、徐福は日本各地を歴訪したのではないかという説まで出た。

というわけで平成六年（一九九四）、新宮市新宮の周辺に徐福公園が建設されたのである。公園の正面には中国風の楼門が建ち、中に入ると不老長寿の池があり、七匹のコイが泳いでいる。池の脇に徐福像、七人の侍臣を表す七本の石柱が立っている。徐福の墓、徐福顕彰碑のそば植えられた天台烏薬の木は、徐福が求めた不老不死の霊薬を意味する。

驚くべきことに鹿児島県奄美諸島の徳之島にも徐福像が現存する。この島には徐福の「福」のついた姓の家が多いのだという。

徐福渡来の地を示す看板
（京都府与謝郡伊根町）

日本が徐福伝説で燃え上がっているころ、本家の中国はどうだったかというと、元・明代以降現代に至るまで、徐福そのものの存在さえ話題にならなかった。ところが一九八二年、中国江蘇省連雲市の徐阜という土地が、かつて徐福村と呼ばれていて、ここが徐福の故郷と判明。続いて一九八七年には徐家の家譜が発見され、徐福の異名である「徐市」の記載が見つかったというのである。

さぁ大変。翌年、徐福祠堂が建設され、一九九〇年には盛大な徐福祭が開催された。筆者はこの時期、たまたま別の取材で中国江蘇省を回っていた。ホテルで、明日が徐福祭りと知らされ、その異様なまでの興奮ぶりに驚いた記憶がある。

徐福の生きた時代、わが国は縄文時代から弥生時代への転換期だった。大陸系の漂流民騒ぎが起こっていたころだから、それが徐福伝説に繋がっていったとも考えられる。

徐福伝説論争はいまも続いている。日本へ渡ったかどうかの肯定論と否定論のぶつかり合いである。ひるがえって歴史的に見て徐福ほど壮大な調査・研究テーマはなかろうと思う。

徐福着岸の趾
（京都府伊根町）

楊貴妃

楊貴妃の墓：二尊院　山口県長門市油谷向津具下３５３９
アクセス：ＪＲ山陰本線人丸駅、大浦行バス35分、二尊院下車

逃れて日本に漂着し……

中国の唐の玄宗皇帝の妃、楊貴妃が日本に亡命し、異国の地で亡くなったという。山口県長門市油谷向津具下の油谷湾に面した二尊院の墓所に、三基の五輪塔が建っていて、その一番高い塔が楊貴妃の墓といわれている。周囲に小石塔が一面に鎮座していて、独特な雰囲気を醸しだしている。山口県文化財になっており、研究者の訪問も多いそうだ。

高貴な妃が日本で亡くなったなど想像もつかないが、この伝承はかなり早くから広まっていたようで、天保年間（一八三〇～四三）に編纂された『風土注進案』にこんな文面が見える。

皇朝に楊貴姓あり、若(もしく)は此姓の人の墓にて楊貴妃とか楊貴某とかの墓と言伝へたるを後聞なれたる楊貴妃のことと思い誂りて語り、伝へしに非ざるか。

誤りを指摘する文面だが、楊貴妃の墓の存在が早くから噂されたことを示す資料とも

言える。

確かに地元の油谷には、楊貴妃の漂流伝説が色濃く残っている。その内容とは…。

唐の天宝四年というと西暦七四五年、日本だと天平十七年に当たるので、いまから千三百年近く前になる。玄宗皇帝はその権力にものをいわせ、寿王の妃を奪って自分の側室にし、名を楊貴妃と改めさせて寵愛した。

以後、兄の楊国忠はみるみる出世して、政治を自分の思うがままに動かしたので、秩序は大きく乱れた。安禄山という若者はこの機をとらえて皇帝の側近に近づき、楊貴妃に金品を贈与して、楊貴妃の養

楊貴妃の墓
(二尊院：山口県長門市)

子であることを許可してもらい、「わが母楊貴妃より楊国忠を討てとの内命を受けた」と偽り、軍勢を率いて長安の都に攻め入った。

玄宗皇帝は安禄山の蜂起に驚き、楊貴妃を連れ、大勢の兵士に付き添われて脱

楊貴妃像
（二尊院：山口県長門市）

出したが、逃げる途中、力尽きて動けなくなった。兵士らは憤り、「楊貴妃を殺せっ」と口々に叫んだので、皇帝はすぐにその首をはねさせた。

だが殺された妃は別人で、楊貴妃は陳玄礼という者の計らいで一行と離れて密かに逃れ、いまの上海付近から大船に乗せられ出帆した。その船が流れ流れて、日本の油谷湾に漂着した。

玄宗皇帝は首を討ったはずの楊貴妃が生存しているのを知り、臣下に命じて仏像二体

を贈って励まし、楊貴妃も皇帝を偲んで形見に簪（かんざし）を返礼に贈ったが、やがてこの地で亡くなったという。

あり得ない無理な推測、と一笑にふす向きもあるが、地元ではこの説を信ずる人が多い。白楽天の有名な「長恨歌」は、楊貴妃の死を断定的に表現しておらず、それどころか皇帝と妃の愛を幻想の中に昇華させているのが何よりの証拠、とする専門家もいる。また上海あたりから出帆すれば、潮流に乗って油谷に漂着する可能性は高い、とする研究者もいるのだ。

これはと思わせるのが、二尊院に現存する釈迦、阿弥陀如来の二つの仏像である。これを皇帝からの贈り物とすれば筋道が見えてくる。もう一つが同寺に残る「二尊院由来書」の中の次の文面である。

空土玄宗皇帝の愛妃楊貴妃なるもの、空艪舟にて当村唐渡口（とうどぐち）と云う地へ漂着、まもなく死去したまいぬれば、里人相寄（あいより）当寺境内に埋葬。

本堂の左手に建つ美しい楊貴妃像を仰ぎ見てから、古い五輪塔の墓に詣でた。苔むした三塔を見つつ、はるか昔の夢幻の世界にしばし酔いしれた。

天女の娘を祀る乙姫神社：京都府京丹後市峰山町鱒留小字大路
アクセス：京都丹後鉄道宮津線峰山駅、丹海バス20分、大路口下車徒歩20分

天女

人間世界に現れて妻に

〝羽衣伝説〟でもっとも有名なのが、謡曲「天女(てんにょ)」で知られる静岡県静岡市清水の三保の松原の物語であろう。若い漁師が浜辺で富士山を眺めながら釣りをしていると、松の木にきれいな衣が引っかかっているのを見つけた。持ち帰ろうとすると、天女が現れ、返してくれと頼む。舞いを見せてくれるなら、と言って衣を返すと、天女はそれを身にまとい、天高く舞い上っていった、という内容である。

天女伝説はほかにも滋賀県余呉町、岩手県遠野市、福島県鹿島町、鳥取県倉吉市、熊本県一の宮町、鹿児島県奄美大島の瀬戸内町、沖縄県宜野湾市…など数多くあるが、京都府京丹後市峰山町に伝わる話は、天女がその家の若者の妻になる、という内容である。それなら当然、墓も存在する…というわけで、丹後半島の中ほどに位置する峰山町を目指した。

JR京都駅から山陰線の特急たんごリレーという列車に乗ると、福知山まで一時間半。そこから京都丹後鉄道になり、一時間ほどで峰山駅に着く。

ここは北丹後随一の丹後縮緬の生産地として知られ、天女伝説を柱に町おこしが進められていた。駅を出るなり、「天女が舞いおりた町」の標識に迎えられた。町の中心地から十キロほど離れた同町字鱒留小字大路の山深い里が、天女の舞いおりた舞台である。

天女の娘を祀る乙姫神社
（京都府中郡峰山町）

天女を妻にしたのは三右衛門という若者である。末裔で機織の安達利隆家がここで暮らしている。安達家は長く庄屋を務め、家督を継いだ嫡男は代々、三右衛門を襲名してきた。利隆さんの伯父も三右衛門である。同家に伝わる物語はこんな内容である。

ある夏の朝、三右衛門はいつものように狩りに出かけた。比治山の頂近くまできた時、えも言われぬ香りがして不思議な音色が聞こえた。近づいてみると美しい天女が八人いて、池で水浴びをしていた。かたわらの木にきれいな羽衣がかかっていたので、それを一枚抱えてわが家に逃げ帰り、大黒柱に穴を開け、そこに隠した。

羽衣を盗まれた天女の一人は、三右衛門を訪ねて、返してくれと頼んだが、宝物にするといって返そうとしない。仕方なく天女は三右衛門の妻になった。天女は美しいだけでなく、蚕飼いも、機織りも、コメ作りも上手だった。とくに酒造りは巧みで、集落の人々にも教えたので、どの家も裕福になった。この間に天女は次々に女の子を三人生み、子どもたちも美しく育っていった。

でも天が恋しい天女は、夫が仕事で出かけた留守に、大黒柱に隠してあった羽衣を見つけ、娘たちに事情を話した。そして羽衣をまとい、追いかける三右衛門に「七日、七日に会いましょう」と言い、天高く上っていった。だが天邪鬼（あまのじゃく）が「七日七日」を「七月

天女を妻にした三右衛門の末裔宅の家紋
（京都府中郡峰山町）

七日」にすり替えたので、年に一回、七夕の夜だけしか会えなくなった。三右衛門はその日がくると、大きな木を伝って妻の待つ天に上っていった。

以来、この家は「七夕さんの家」と呼ばれ、毎年七月七日になると集落の人々が同家に集まり、天女を偲ぶのが習わしという。驚いたのはこの家の家紋で、丸に七夕と書かれているのだ。

比治山は現在、磯砂山と呼ばれている。山頂近くに天女が水浴びしていたという真名井の池が、その名も女池（めいけ）の名で現存していた。頂上には「天女伝説発祥の地」の碑が建っていて、ここからの眺望は息を呑むほど美しい。

天女は天に帰ったのだから、墓などないのは当然だが、天女が生んだ娘が祭神の乙女神社があると教えられた。となると、ここが天女にとってゆかりの地に違いない。そう思いながら乙女神社に詣でた。

境内に「羽衣伝説と乙女神社」の看板が立っていて、天女と三右衛門の話の最後に、「お参りすると美女が授かるといわれています」と記されていた。そのせいか、新婚ほやほやの若夫婦の参拝が目立つという。

では残る二人の娘はどうなったのかというと、近くの荒山の波弥神社と、同じく丹波の多久神社の祭神に祀られているのだという。

天女の墓はないけれど、もし天女に魂があるなら、降りてくるのはこの境内しかないだろう、などとしたたり落ちる汗を拭いながら妄想した。

常陸坊海尊(ひたちぼうかいそん)

常陸坊海尊の墓：岩手県九戸郡洋野(ひろの)町明戸八坂神社境内。ほか全国各地に
アクセス：JR東北本線八戸駅前から南部バスで明戸前下車、徒歩3分

四百年生きて義経を語る

常陸坊海尊(ひたちぼうかいそん)は源義経の郎党の一人で、『義経記』には大物浦(だいもつのうら)の合戦で武蔵坊弁慶とともに、五隻の船で寄せくる敵を打ち破った、と記されている。この海尊、奥州平泉の衣川の合戦で、義経が藤原泰衡勢に襲われて自刃した時、たまたま山寺に参詣していて命拾いし、その後四百年余りも生き延びて、義経の最期を語り継いだという。

元和二年（一六一六）、小野太左衛門という武士が平泉付近の山中で清悦という不思議な老人に出会い、「常陸坊海尊は生きておられる」と聞かされる。衣川の戦いから四百年以上も経っていた。

清悦の話によると海尊は、衣川の戦いの一年前、衣川の上流で釣りをしていると、一人の山伏が現れて邸宅に案内される。そこで夕食に朱色をした皮のないニンカンという奇妙な魚を食べさせられる。この魚が不老長寿の食べ物とされ、いまなお長寿を保って

生きているというのだった。

驚いた太左衛門は、清悦について六年間にわたり兵法を習い、折々に海尊が話した源平合戦の模様を聞いたが、まるで手に取るような話ぶりだったという。太左衛門はそれをまとめて『清悦物語』という書物を出した。これが大きな反響を呼び、義経復興説が高まっていく。

清悦によると本人自身もニンカンを食べたことがあるといい、清悦と海尊は同一人とする見方もあるという。

海尊にまつわる伝承は数多い。『狗張子』という書物によると、海尊は義経のもとを去った後、富士山麓に隠れて暮らしていたが、岩石の間から飴のようなものがでてきたので、それを食べたら仙人になったという。また、海尊が衣川あたりに住む仙人から赤い果物をもらい、それを食べたら長生きしたなどと記されている。

会津の実相寺の二十三世住職の桃林契悟は号を残夢といい、何かというと義経や弁慶の話を詳しくしたので、残夢和尚こそ海尊ではないか、と噂し合ったなどの話も伝わっている。

常陸坊海尊の墓＝木村智暁氏撮影
（岩手県九戸郡洋野町）

海尊伝説のなかで際立っているのが、義経の北行伝説の先導役の話であろう。衣川で死んだはずの義経が実は生きていて、密かに平泉を脱出し、奥羽を経て蝦夷地・北海道へ渡った。奥羽には義経が逃れた足跡が転々と残されていて、本州の突端に近い青森県外ヶ浜町三厩（みんまや）には、義経が海峡を渡るため祈願した義経寺があるのだ。三厩の地名はつないでおいた三頭の馬に羽根が生え、義経を乗せて蝦夷地へ向け飛び立った、という伝承からついたものという。この北行を助けたのが海尊で、義経ら一行より一足早く蝦夷地へ渡り、到着を待ち受け、さらに大陸へ向かう準備までしていたというのである。

北海道にも義経にまつわる伝承がいくつもあり、その名も弁慶岬と呼ばれる岬には、弁慶ばかりか海尊の話も伝わっている。舟で蝦夷地へ行くにはなかなか難しい時代であり、にわかに信じがたいが、四百年以上も生きた人物なのだから、これくらいはやったであろうという庶民の淡い期待が、海尊を媒体として様々な夢を展開していった、ということなのかもしれない。

海尊はいつ亡くなったのか、いまも明らかでない。でも海尊の墓といわれるものが現存する。岩手県洋野町明戸地区の八坂神社境内にある先の尖った自然石の墓がそれで、正面に「常陸坊海尊」と刻まれている。

洋野町大野図書館町史編さん室主任の木村智暁さんによると、戦後、ＮＨＫ大河ドラマで「源義経」が放映された時、町の人が「明戸地区に海尊の墓がある」と言い出し、捜し出して祭ったといわれる。

この集落には昔から海尊の話が伝わっていたそうで、いまも信ずる人がいるのだという。

小野篁（おののたかむら）

夜ごと閻魔大王のもとへ

小野篁の墓：雲林寺跡　京都市北区堀川通北大路下ル西紫野西御所田町
アクセス：JR京都駅より市バス9番、北大路堀川下車徒歩3分
小野篁の木像：珍皇寺　京都市東山区大和大路通四条下ル4丁目小松町595
アクセス：JR京都駅より市バス206番、東山通北大路バスターミナル行↓清水道下車徒歩5分

現世と冥土を往復し、閻魔大王の仕事を手伝っていたといわれる小野篁（おののたかむら）、一体どんな人物なのか。

小野篁は平安時代（前期）の公卿で、歌人、漢詩人として知られる。本業は朝廷に使える高級官僚で、最高位の参議を務めた。小倉百人一首の「参議篁」である。漢詩はしばしば白楽天と並び称されたほどという。嵯峨天皇がその才を試そうと『白氏文集』の中から漢詩の一行を抜き出し、わざと「空」の一文字を「遙」に変えて篁に示したところ、「佳作ではあるが、遙の文字を空に改めたらもっといい」と述べた。天皇は大いに驚いたといわれる。

篁は反骨精神の持ち主で、しきたりに縛られない言行が多かったので、「野狂」とまで言われた。遣唐使の副使に任命され、船出したが、二度も嵐に遭遇し、引き返している。承和（じょうわ）三年（八三六）の三度目の派遣の時は、嵐ではなく、正使の藤原常嗣（つねつぐ）と意見が合わず対立し、仮病を使ってさっさと戻ってきた。

これにより上皇の怒りに触れ、隠岐島に流罪になった。船に乗せられた篁が詠んだのが「百人一首」に含まれている次の和歌だ。

わだの原やそ島かけてこぎいでぬと　人にはつげよ　あまの釣り船

一年ほどで罪を許され京に戻った篁は、再び官僚として奔放に振る舞い、あれよあれよという間に出世して、頂点の参議にまで上り詰めたのである。

いつしか篁に対して、民衆たちの奇妙な願望が集まりだした。嵐に遇っても死なない、政界から追放されても、戻ってきて最高位にまで昇進する、どんなにひどい扱いを受けても必ず運が開ける、そんな夢のような〝復活〟ぶりが、庶民にはたまらない魅力だったのであろう。

そんな折り、小野篁と仲のよかった同じ官僚の藤原良相（よしみ）が亡くなった。良相は生前、よからぬことをしたため、あの世で閻魔大王に苦しめられている、と察した篁が冥土に赴いて救った、という噂が立った。

　篁の妹が亡くなり、その亡霊が夜な夜な篁のもとを訪れ、話し合っているとか、篁は夜ごと冥土に行って、閻魔大王の下で仕事をしているなどと、まことしやかに語られだした。これは本人が書いた『篁物語』などがもとになっており、その虚実ない交ぜの文章が影響したのであろう。

小野篁の墓
（雲林寺跡地：京都市北区）

　いずれにしろ大衆は篁の存在を畏敬した。そして亡き親は、先祖は、現世を離れて暗い冥土で、どんな裁きを受けているのか。やがてはその道を辿らねばならない宿命だけに、いつしか「篁の名を讃えると先祖の霊が苦しまずに済む」という信仰が生まれた。街角で篁の名を称える者さえ出たという。

なるほどと感心しながら、北区堀川通北大路下ル西紫野西御所田町の雲林院跡地へ向かう。入口の案内板に沿って進むと「小野相公墓」と刻まれた墓標があり、

小野篁の木像
（珍皇寺：京都市東山区）

その先に、五輪塔型の墓が建っていた。手入れがいいのか一見、新しい感じがする。と、そのすぐそばに紫式部の墓があり、腰を抜かさんばかりに驚いた。

踵を返して東山区大和大路にある小野篁ゆかりの珍皇寺（ちんのうじ）へ。小さな篁堂の中に入ると、篁の木像をはじめ、閻魔大王像、弘法大師像が安置されていた。堂のそばに、篁が夜ごと地獄へ通ったという古井戸が見えた。

近くの店に立ち寄って「幽霊飴」を求めた。篁が〝あの世〟から持ち帰ったのが起源なのだという。飴を一口しゃぶりながら、改めて信仰の深さ、重さをしみじみ噛みしめた。

八百比丘尼(はっぴゃくびくに)

人魚を食べ八百歳まで生存

八百比丘尼の墓碑：福井県小浜市下根来
アクセス：ＪＲ小浜線小浜駅１キロ（駅からレンタサイクル有り）
空印寺（洞窟）：福井県小浜市男山2
アクセス：ＪＲ小浜駅１キロ（駅からレンタサイクル有り）
神明神社：福井県小浜市青井14―2
アクセス：ＪＲ小浜駅徒歩24分

八百比丘尼(はっぴゃくびくに)は別に、やおびくに、とも呼ばれる。福井県を中心に全国各地に似た伝承があるが、共通しているのは「長生きしたことによる悔悟」である。超高齢社会になった現代を生きる人々に、何かを示唆しているように思えてならないのだが。

福井県・若狭に伝わるいつくもの伝承のうちの一つを紹介しよう。

昔、若狭国に高橋権太夫という長者がいた。ある日、浜辺を歩いていて大波に浚われ、何日間も海上を漂流した挙げ句、小さな島を見つけ、やっとの思いで岸辺にたどり着いた。長者は空腹によろめきながら真っ白い砂浜を歩いていくと、美しい女性が二人いて、「この島の王様があなたのお出でをお待ちしています」と言い、立派な屋敷に案内した。

王様と対面した長者は、次々に出される珍しい料理を夢中になって食べた。だが一つだけ白くてぶよぶよした切り身があり、手が出なかった。王様に訊ねたところ、「人魚の肉で、不老長寿の妙薬です。非常に美味しいので、ぜひ召し上がるように」と勧められた。だが長者は気味が悪いので、口にしなかった。

楽しい日々を過ごした長者は、故郷の若狭に帰ることになり、王様に暇を告げた。王様は残念がり、土産に人魚の肉を重箱に入れて長者に渡し、丁重に送りだした。

長者が戻ってきたので、死んだものと諦めていた長者家の一族は大喜びで、盛大な宴会を開いた。長者が土産に持ち帰った重箱の中から、白いぶよぶよした肉を取り出したが、誰も気味悪がって手をつけようとしなかった。

宴会が終わり十八歳になる長者の娘は、食べ残しの肉をそっと一切れ食べてみた。とろけるようなうま味が口の中に広がり、娘はあまりのうまさに全部、食べてしまった。

それからというもの、ただでも美しかった娘は一段と美しくなり、白い肌はぬけるほど透き通った。結婚話が相次いだが、応じようとしなかった。不老長寿の身になった娘は、歳月が経っても少しも年を取らず、友だちが年老い、死んでいき、その友だちの子

八百比丘尼の墓碑
（福井県小浜市下根来）

八百比丘尼の入定の洞窟
（空印寺：福井県小浜市男山）

八百比丘尼像
（神明神社：福井県小浜市青井）

どもが年老いて死に、そのまた子どもが年老いて死ぬのに、娘だけは十八歳のままだった。

　生あるものは必ず滅びる、という当たり前のことがなされず、無常さに打たれた娘は、百二十歳になると、剃髪して尼僧になった。そして全国を行脚して、行く先々で仏の法を説き、いまを生きる大切さを語った。手にはいつも玉と白いツバキの小枝を持っていて、神を呼び寄せ、悪魔を払った。

　全国を歩き回った尼僧が、再び若狭に戻ってきた時は、すでに八百歳になっていた。人々は尼僧を八百比丘尼と呼び、白いツバキを持ち歩いて法を説くことから白比丘尼とも呼んだ。

八百比丘尼が若狭から上洛した時の模様が『康富記』や『臥雲日件録』に記されている。それによると姿は御簾の奥で見られないのに、大勢の見物人が押しかけたとある。

やがて八百比丘尼は、入定即身成仏を願い、小浜の泰雲寺境内にある洞窟に入っていった。自ら死を望み、仏になったのである。この時、尼はツバキを入口に置き、「この木が枯れぬうちは、私も死なない」と言い残した。そして再び出てくることはなかった。この泰雲寺が小浜市男山に現存する健康山空印寺である。

医薬門の近くに洞窟が見える。これが八百比丘尼の入定の地で、洞窟の脇に尼の像が建っている。八百年とはいわないまでも、そこそこの長寿を願って参詣する人が絶えないという。

同市内の神明神社には八百比丘尼像が鎮座している。その童顔が、不思議な説得力を持って迫ってくる。墓碑は小浜市下根来の比丘尼屋敷跡の空き地に建っている。大きな自然石の幅いっぱいに大文字で「八百比丘尼」とのみ刻まれている。

ジュリアおたあ

家康の愛を拒絶した朝鮮女性

ジュリアおたあの墓：東京都神津島村　伊豆諸島神津島
アクセス：東京都港区の竹島桟橋から東海汽船で13時間、超高速船で3時間45分神津島港着。調布飛行場から飛行機で45分（新中央航空）

東京湾の南に点在する伊豆諸島。北から大島、利島、新島、式根島と続く五番目の島の神津島に、「ジュリアおたあ」と呼ばれた朝鮮人女性の墓がある。いまも毎年五月には熱心なクリスチャンが集まり、敬虔な祈りを捧げるという。でもこの女性って、一体どんな人なの？

ジュリアおたあは、文禄の役（文禄二年、一五九二）の際、朝鮮の平壌付近で加藤清正、小西行長の軍勢に攻められて捕縛され、日本に連行された美しい女性とされる。出自は戦乱の中、戦死または自害した朝鮮人の娘とも、人質として捕虜になった人の娘ともいわれるが、生没年や実名、家系などは明らかでない。

日本に連行されたジュリアおたあは、キリシタン大名の小西行長に引き取られ、小西の子として育てられた。ここで、キリスト教に改宗した。ジュリアは洗礼名、おたあは日本名である。

だが後に行長が関ヶ原の戦いに敗れて処刑され、小西家が没落すると、徳川家康はジュリアの才気を見初めて駿府城の大奥に召し上げ、家康付きの侍女として寵愛した。だがジュリアはキリシタン棄教を迫られてそれを拒絶し、家康の正式な側室になるのも拒んだため、怒りを買い、禁教令により駿府城から追放された。

ジュリアは伊豆諸島の八丈島または新島へ流罪にされた後、神津島へ流された。流罪先でもジュリアは信仰を守り、貧しい人や流人らを励ました。この間に三度、赦免と引き換えに家康への恭順を求められたが拒否し、そのたびに遠島処分にされたという。やがてジュリアの消息は絶えた。

それからざっと三百五十年の歳月が流れた。昭和二十年代（一九四五〜）になり、神津島村の郷土史研究家、山下彦一郎が、島に残る由緒不明の古い五輪型の供養塔を調査した結果、「ジュリアおたあの墓である」と主張したことがきっかけになり、急に脚光を浴びだした。

同島ではこれを機にこの墓を整備し、毎年、ジュリアの慰霊祭を催してきた。韓国に

ジュリアおたあの墓＝水野俊平氏撮影
（伊豆諸島　神津島）

もその存在が伝えられ、昭和四十五年（一九七〇）には神津島の村長と村議会議員らがジュリアの墓の土を韓国へ運び、カトリック殉教地の切頭山に埋めて、石碑を建てた。

ジュリア人気は高まり、一時はバチカンの教皇庁にジュリアを「福音」にするよう陳情が行なわれた。

ところが異説が飛び出した。フランシスコ・パチェコ神父の一六二二年二月十五日の「日本発信」という書簡に「ジュリアが神津島を出て大坂に移住し、神父の援助を受け、後に長崎に移った」と書かれていることが明らかになったのである。ジュリアが男の子を生み、その子が天草四郎である…など尾ひれのついた伝承まで飛び出した。

当然の如く、ジュリアの墓は虚構とされ、韓国の石碑も撤去されて、真相が明らかになるまで石切山の殉教博物館内に保管されることになった。

ジュリアおたあの墓の案内板＝同右
（伊豆諸島　神津島）

でも神津島村の墓は揺るがない。「ジュリアの悲劇を伝えねば」というわけで、墓所への石段脇に「流人墓地　ジュリア墓地」の案内板を掲げ、いまも教徒が集まり、祈りが捧げられている。

神津島へは飛行機もあるが、船旅を奨めたい。東京都港区竹島桟橋から汽船に乗り十三時間。別世界に着く。

島のほぼ中央に村役場があり、そのすぐ近くに「流人墓地」がある。そこにジュリアおたあの墓が建っている。五輪型の古い墓である。

第六章
おもしろ人物の墓

一休さん

とんち小僧

一休さんの墓と像：酬恩庵一休寺　京都府京田辺市薪里ノ内102
アクセス：京都駅から京阪バス、一休寺徒歩5分

マンガやアニメでお馴染みの一休さんは、子どもたちの人気者だ。偉そうな顔をした大人を、得意のとんちで負かしてしまうのだから、痛快このうえない。一休は実在の人物で、禅僧。子どもの時から頭がよく、それが著書『一休水鏡』などで後世に伝えられた。

一休のとんちぶりで一番有名なのが「このはし、わたるな」の話だ。ある日、一休さんは和尚の用事でその家を訪ねたところ、門前の橋のそばに「このはしわたるな」と書いた立て札が立っていた。でも一休さんはそのまま橋を渡ってその家に入った。家人が「立て札を見なかったか」と問うと、「いいえ、見ましたよ。だから端ではなく真ん中を歩いてきたのです」と涼しい顔で答えた。大人たちはぎゃふんとなった。

もう一つ。ある人が屏風に描かれたトラを指さし、「あのトラを捕まえてくれ」と言った。一休さんは「承知しました」と答え、縄を手にして、「さぁ、捕まえるので、そ

一休さんの像
（酬恩庵一休寺：京都市京田辺市）

のトラを追い出してください」と言った。相手は二の口が告げず、頭を掻いた。

一休は明徳五年（一三九四）一月一日生まれ。母は藤原家の女性で、宮廷に仕えて後小松天皇の寵愛を受け、出産した。天皇家の出である。幼名千菊丸。六歳で安国寺象外について出家し、周建と名乗り、十五歳で詩「春衣宿花」を作り、人々に持てはやされた。この英才ぶりが後に「とんち一休」と喧伝される基盤になる。

西金寺の謙翁宗為（けんのうそうい）のもとで禅の修行を積み、宗純の諱（いみな）を授かる。二十歳の時、師が亡くなり、悲嘆のあまり瀬田川に入水（じゅすい）するが、危うく救われる。翌年、「洞山三頓の棒」の偈（げ）より開悟し、一休の号を授かる。

正長元年（一四二八）、三十五歳になった一休は自在な教化活動を始めた。誰とでも会い、仏教だけでなく、さまざまな問答をした。この間、父である後小松天皇に会い、禅を語り、政治のあり方について言上している。

栄達を求めず、永享一二年（一四四〇）、請われて大徳寺如意庵に住んだものの、わずか十日で寺を出た。以後、京都や近郊の寺庵を転々として、仏の道を説き、詩作に没頭した。真面目な僧が投獄された時は、激怒して自殺を図ろうとして止められている。

康正三年（一四五七）ころから、薪村の酬恩庵に起居し、『自戒集』『一休骸骨』をはじめ、『一休水鏡』『狂雲集』などを著した。これらの著作と『一休和尚法話』などが軸となり、仮名草子や咄本などの文芸書『一休咄（ばなし）』『続一休咄』などが作られた。

『一休狂歌問答』は一休の和歌を集成したものだが、そこに一休の信条である批判精神が渦まいている。以下に数首を掲げる。

色とよく俗より深き売僧ども
　地獄があらば先におちやう

石地蔵金の弥勒（みろく）も木仏（もくぶつ）も
　悪事強欲させぬためなり

世の中は身の上を知れしれやしれ
しれぬ世の中しれや世の中

この間、美しい娘の森侍者と会い、十年後に再会して結ばれた。一休はすでに七十八歳になっていた。

文明六年(一四七四)、勅命により大徳寺に入り、伽藍(がらん)の再興に努め、また薪村の酬恩庵に戻り、自適の暮らしをした。文明十三年(一四八一)没。八十八歳だった。

一休さんの墓がある酬恩庵一休寺

墓は、晩年を過ごした京都府京田辺市薪町の酬恩庵一休寺にある。境内は見事に整備されていて、少年時代のかわいい一休さん像や、『一休咄』に出てくる橋の真ん中を渡る一休さん像も見える。でも墓は、宮内庁が管轄しているので、酬恩庵の門の扉は閉じられたまま。一休さんにお詫びして、残念ながら引き揚げた。

紀伊国屋文左衛門

紀伊国屋文左衛門の碑：成等院（じょうとういん）　東京都江東区三好1―6―13
アクセス：地下鉄大江戸線、半蔵門線清澄白河駅徒歩3分

紀州ミカン船で荒ら稼ぎ

江戸時代中期の豪商、紀伊国屋文左衛門は、紀州ミカン船で大金を稼ぎ、吉原遊びで小判を撒き散らしたという伝説を持つ。だが晩年は不遇だったという。

文左衛門は幼名文吉。紀州加田浦の出身とも熊野の人ともいわれる。生年は不明だが、東京都江東区の成等院にある過去帳に、「帰性融相信士」の戒名とともに「享保十九年（一七三四）四月二十四日没、享年六十六」の記録が残っており、逆算すると寛文九年（一六六九）生まれとわかる。

紀州ミカン船の話は、『本朝虞初新誌』の中に、依田学海の「紀文伝」として見える。その年、海上は風波が激しく、多くの船は恐れて江戸の港に避難した。そのため江戸のミカンは品薄で高値になった。文左は借りた船を修復してミカンを運び一儲けしようとする。以下、続ける。

文左、揚言シテ曰ク、能ク風浪ヲ冒シテ海ヲ航スル者有ラバ、人ゴトニ百金ヲ与ヘント。人皆其ノ虚妄ヲ哂フ。一人有リテ之ニ応ズ。輒チ百金ヲ予フ。奂駭キテ曰ク。文左は信人、人を誑カス者ナランヤト。近邑ノ壮丁、一時ニ来リ募ニ応ズル者十有余人、皆賭博酒従ヒ無類ノ悪少。文左大ニ悦ビ悉ク其ノ約を践ム。

最初は、文左衛門の話を笑っていたが、一人が応募したところ、即座に現金を手渡したので、人々は驚き、近郷から十人余りが応募した、という内容である。

こうして船は波浪さか巻く江戸を出航して紀州に至り、ミカンを満載して戻ってきた。「海上三百里、行程一昼夜、江門ニ達ス」「此ノ時海船港ニ入ル者ハ独リ此ノ一船隻ノミ」だった。江門は江戸湾を指す。

文左衛門はこのミカンに値をつけて販売したところ、飛ぶように売れて、「一朝ニシテ五万金ヲ獲タリ」となったのである。

ここで文左衛門は、江戸京橋の八丁堀に材木店を開き、幕府の実力者の柳沢吉保に近づき、幕府材木御用商人になる。そして元禄十一年（一六九八）、上野寛永寺中堂の建設に関わり、五十万両という膨大な利益を上げた。ちょうど三十歳の時だ。頼まれて建

紀伊国屋文左衛門の碑
（成等院：東京都江東区三好）

築を数多くこなし、全盛期には奈良屋茂左衛門と競い合い、その名は天下を轟かせたという。

吉原遊廓を買い切って、小判をばら撒いたという話は、このころのことと推察できる。山東京伝の『孔子縞干時藍染（こうしじまときにあいぞめ）』には、文左衛門が節分の豆の代わりに金銀を撒いたという話を踏まえて、「紀文大尽の年越しの趣向といふもんだ」と書いている。古川柳に、

紀の国屋
　蜜柑のやうに金をまき

という句があるが、よほど喧伝されたであろうことが伺える。

お大尽ぶりを示す逸話のうち、代表的なのが畳の話だ。文左衛門は俳諧を好み、師匠について学び、千山と号した。邸宅には毎日やってくる俳諧客のために、決まって畳刺し職人を七人ずつ呼んで、常に畳を新しくした。俳諧客をそのもてなしに息を呑んだという。

文左衛門の晩年は深川八幡の近くに住み、悠々自適の暮らしをした説のほかに、零落して見る影もなく、昔親しくした召使から毎月一両もらって、細々と暮らしたという話が伝えられる。

東京都江東区の成等院には二抱えもある大きな自然石があり、表面に「紀伊国屋文左衛門之碑」と刻まれている。昭和三十三年（一九五八）に、建立されたもので、文左衛門らしい風格を感じる。墓はその左奥にひっそりと建っていた。そのアンバランスさがなぜか面白く感じて、ハッとなった。

法界坊

釣鐘堂建立に悪知恵働かす

法界坊の名が刻まれている釣鐘：上品寺　滋賀県彦根市鳥居本町430
アクセス：近江鉄道鳥居本駅徒歩3分

釣鐘堂を建てたいばかりに、各地を歩き回り、その隙に盗みを働いたり、娘に懸想したり……。こんな手に負えない〝破戒僧〟がいた。名を了海、僧名を法界坊という。でもこれは、舞台や映画に脚色された姿で、本当は真面目な善僧だった…。

法界坊の歌舞伎は「隅田川続俤」という。「大日坊」の題で初演されたのが安永四年（一七七五）だから、二百四十年も前から大衆の人気を集めていたことになる。その筋書きを述べる。

近江国坂山の上品寺の僧、法界坊は、念願だった釣鐘堂の建立を実現させようと、まず借金して釣鐘を作り、それを地車で曳いたり背負うなどして、諸国行脚の旅に出た。現物を見せて歩き、喜捨を求めるという方法である。喜捨とは寺への寄付を指す。

この姿で東海道や江戸の町を歩いたので、法界坊は評判になった。ほどなく江戸下町に住みつき、隅田川の土手に釣鐘を置き、吉原通いの遊客に寄進を乞うた。新吉原の花魁にも近づいて梵鐘の功徳を説いたので、花魁の花里と姉の花扇は率先して帰依し、寄金した。花魁と交わるのを見て人々は〝乞食坊主〟〝好色坊主〟と評した。

そのうち法界坊は強盗を仕出かす。手っとり早く金をと、空き家に忍び込み、金目のものを盗み出した。そのうち色にも手を出す。商家に押し入り、一人娘のお組に迫ったがはねられる。今夜こそ口説き落とそうと再び同家に押し入ったところ、娘と手代の若者が愛の炎を燃やしている最中だった。若者には許嫁がいて、これが表沙汰になり、二人は窮地に立たされるが、法界坊が危機一髪、二人を救い出す。何とも憎めない僧というわけだ。

話は飛んで終幕近く、家宝を包む袱紗に火がつけられ、その火で法界坊は焼き殺されてしまう。殺された法界坊はこんどは怨霊になって暴れまわる。

いささか唐突なストーリーだが、そこが大衆に支持されて、宝暦十一年（一七六一）の「花筐班女扇」では〝堕落僧〟になり、明和二年（一七六五）の「江戸名所都鳥追」では〝チョンガレ坊主〟として描かれた。天明四年（一七八四）の「隅田川続俤」では〝乞食坊主の好色漢〟という、いささか滑稽で愛嬌を伴ったあくどい人物として描かれ、それが法界坊像として定着していった。

昭和十三年（一九三八）には映画にもなり、まだ若かったエノケンこと榎本健一が、この役をユーモラスにやってのけ、喝采を浴びた。

ところで実際の法界坊はどうかというと、幼い時に母、父を相次いで亡くし、八歳で出家し、諸国を行脚し、十九歳の時、師匠から譲り受けて上品寺（じょうほんじ）の七世住職になった。真面目な僧侶で、荒れ果てていた同寺を整備し、釣鐘堂を建立しようと、地車に新しく造った梵鐘を積み、念仏を唱えながら諸国を歩いた。基金が十分に集まったので、鳥居本町に帰り、釣鐘堂を建立し、釣鐘を備えた。

法界坊の名が刻まれている釣鐘
（上品寺：彦根市教育委員会提供）

滋賀県彦根市の上品寺には法界坊が喜捨で作った釣鐘のほ

「法界坊」の名が刻まれた表石
（上品寺：滋賀県彦根市）

か、鐘を曳いた地車や花扇から貫った打ち掛けで作った袈裟、花里、花扇ゆかりの品などが納められている。寺宝である釣鐘には鐘銘のほかに、次の文面が刻まれている。

法界坊了海　施主妹花里、同姉
花扇　干時明和六己丑年四月
四日　寄進江州講中　新吉原
万字屋佐助

ここから、新吉原の花魁の寄金が伺えるのだ。だが歌舞伎の出し物になったのが早かったせいもあってか、「釣鐘は、法界坊劇により生まれたもの」とする説もある。文政十二年（一八二九）、七十九歳で逝く。

法界坊の墓は、どこに。寺に訊ねてみたが、ない、という。法界坊の名を刻んだこの釣鐘こそが、墓、といえるのかもしれない。

首斬り浅右衛門

将軍の刀の試し斬りが本務

山田浅右衛門吉利の墓：勝興寺　東京都新宿区須賀町8―7
アクセス：地下鉄丸の内線四谷三丁目駅徒歩7分
山田浅右衛門の碑：祥雲寺　東京都豊島区池袋3―1―6
アクセス：地下鉄有楽町線要町駅徒歩2分

山田浅（朝）右衛門というより、〝首斬り浅右衛門〟といった方が通りがいい。家代々、徳川将軍家の御試（おためし）御用役を務めた。御試しとは刀剣の切れ味を実際に試すもの。この本務とは別に、頼まれて斬首刑の執行役も務めた。だから旗本でも御家人でもなく、浪人の立場にいた。死人を扱うので、それを忌み嫌ったのであろう。

御試しの本務は初代浅右衛門貞武、明暦三年（一六五七）生まれから始まり、幕府が崩壊して明治政府になり、斬首刑が廃止されるまで、二百年間余りに及んだ。

遠祖は遠州金谷（静岡県島田市金谷町）の山田八右衛門吉長といい、初代貞武は江戸麹町平河町一丁目に屋敷を構え、据物（すえもの）斬りを学び、刀剣類の鑑定にも長じていた。以下、二代吉時、三代吉継、四代吉寛、五代吉勝、六代吉昌、七代吉利（年）、八代吉豊、九代吉亮（よしふさ）と続いた。養子縁組が目立つのはその職業故であろう。

将軍家の御試し斬りは、小伝馬町の牢屋敷で死罪に処せられた死体に対して行なわれた。斬首刑には、胴体の試し斬りが付加刑として科せられていたのである。ただし対象は一般庶民に限られ、武士や出家、山伏、女性などは除かれた。

御試し斬りは前もって御腰物奉行から町奉行に連絡があり、日時が決まると二つの土壇が築かれ、検分役として御腰物奉行、鑑定家、御徒目付などが列席する。高さ六十センチほどの俎板（まないた）のような台の上に、罪人の死骸が載せられる。裃（かみしも）姿の浅右衛門が登場し、両肌脱いで刀を振り上げ、死骸を斬る。終わると次の刀を手に再び斬る。こうして刀を何度も代えて一口（刀）につき一太刀ずつ斬りつけ、切れ味をみる。最後に浅右衛門が結果を書き付けに書き、御腰物奉行に提出して終了する。

槍の場合は、御試し場の横に浅い穴を掘り、ここに罪人の首を置いて、槍で首横の小鬢を突き通す。さらに柄をすげ直してそれを続けるのである。

将軍家の御試し斬りをする人物なので、浅右衛門の名声は高く、諸大名や旗本から、罪人の首打ちを頼まれたり、刀の切れ味を試してほしいなどの依頼が相次いだ。そのたびに浅右衛門は、罪人の首を斬り、刀の試し斬りをした。首打役には刀の研代（とぎだい）として奉行から金二分が支給されるうえ、依頼人から謝礼が入るので、浅右衛門は逆に同心に対して若干の心付けを手渡した。

浅右衛門が「首斬り」と呼ばれるようになったのは五代以降で、ことに七代吉利は、安政の大獄の吉田松陰、橋本左内らの首を斬って、その名が鳴り響いていた。

山田浅右衛門吉利の墓
（勝興寺：東京都新宿区須賀町）

浅右衛門はほかに「胆取り」の異名があった。首を斬った罪人の死骸の処分はすべて任されたので、取り出した肝臓、脳、胆嚢、胆汁などを原料に丸薬を作り、労咳（肺結核）の妙薬として販売していたのである。胆は病気によく効くと評判にな

山田浅右衛門吉昌寄進の天水桶
（勝興寺）

り、浅右衛門家は莫大な財をなし、四万石の大名に匹敵するとさえいわれ、身分は浪人なのに、家臣を抱えていた。

だが明治維新により政治体制が急変し、明治十四年（一八八一）七月二十四日、斬首刑は廃止になる。記録に残る斬首刑の最後は、九代目の吉亮（浅右衛門は名乗らず）が明治十二年（一八七九）一月三十一日、東京府市ヶ谷監獄の刑場で〝毒婦お伝〟といわれた高橋お伝を斬首したもの。暴れるお伝に手こずり、三度目でねじ切るように首を斬った。

浅右衛門の墓は東京都新宿区の勝興寺にある、七代目浅右衛門吉利のもので、正面の上部に家紋が記され、その下に浅右衛門吉利とその妻の戒名が刻まれている。同寺には六代目吉昌が寄進した鉄製の天水桶が安置されている。防火用水のタンクである。江戸は火事が多かった。その名残りであろう。

東京都豊島区の祥雲寺には、浅右衛門研究者が建てた「浅右衛門之碑」がある。昭和十三年（一九三八）に、七代目吉利の孫娘の援助を受けて建立したもので、そこに八代目までの氏名が刻まれている。六、七代目が「朝右衛門」と名乗っており、「浅右衛門」「朝右衛門」の二つの名が用いられていたのを初めて知った。

山田浅右衛門之碑
（祥雲寺：東京都豊島区池袋）

腕の喜三郎

喜三郎の墓：回向院（小塚原）　東京都荒川区南千住5―33―13
アクセス：地下鉄日比谷線南千住駅徒歩1分

腕の墓を残した傑物

思わず、どきっ、となった。東京都の回向院(小塚原)に眠る勤王の志士の墓を取材中に、偶然目撃し、引き込まれるように撮影したのがこの写真である。右手を握りしめた風変わりな墓で、腕の内側部分に「腕の喜三郎之墓」と刻まれている。

腕の喜三郎とは一体、何者なのか。山東京伝『近世奇跡考』にはこう記されている。

中古、野出の喜三郎といふ者、片腕をきられ、骨に皮引きかかりて見ぐるしかりしを、鋸にて肘のほどより引ききりて捨てたり。桑門(僧侶)となりて片枝と号すと。…案ずるに寛文中の侠者、腕の喜三郎といひしは、これならん。

諸説があるが、本名を野出喜三郎といい、寛永十九年（一六四二）生まれ。寛文年間（一六六一～七三）、江戸では名高い侠客の親分だった。

子分五百人を抱えて、数寄屋河岸に住み、揉め事が起こると喜三郎に頼め、といわれた。どんな喧嘩や紛争も、喜三郎の一声でたちどころに解決した。町奉行までが面倒な事件が起こると、喜三郎に任せて収束させたほどだった。

吉原を逃げ出した遊女が向かう場所は、大抵喜三郎のもとだった。喜三郎は女に家を与えたり、自分の家に置いてやったりした。女の居候がいつも六、七人もいたという。大店が店開きをする時などは、事前に喜三郎に頼んでおけば、面倒なことは何ひとつ起こらなかった。

普段から木綿の着物を着て、食べ物もとくに贅沢することもなかった。「人の難儀を救うだけ。金銀に望みはない」というの

喜三郎の墓
（小塚原回向院：東京都荒川区）

『近世奇跡考』に見える挿絵「腕の喜三郎」

が信条で、礼金などは、いっさい受け取らなかった。小宮山昌秀は『楓軒（ふうけん）年録』の中で、

「決して金銭をむさぼるやうなる、卑劣のことはさらになしと申すことにござ候」

と書いている。

そんな折りも折り、神田柳原の柳稲荷近くで、吉弥組の者と喧嘩になった。吉弥組の者に何か許せぬ行為でもあったのであろう。喜三郎は刀を振るい、たちまち数人を斬り倒したが、相手に左腕を斬られて、地につくほどだらりとぶら下がった。

血だらけになって帰宅した喜三郎は、人に頼んでその腕を鋸で切断してもらった。見

ていた人たちはあまりの豪胆さに驚き、以来、誰いうとなく「腕の喜三郎」と呼ぶようになった。

『近世奇跡考』に腕を斬り落とす絵が描かれている。喜三郎の斬られてた左腕に鋸があてがわれている。必死の形相の斬り手と、刀を突っ立て、耐えて見つめる喜三郎の目が険しい。

このころ「大橋の虎」という親分がいて、やはり五百人の子分を持ち、困った人を助けて評判になっていたというが、小宮山は前著の中で、「喜三郎には及び申さずとあひみえ候」と書いている。よほど人気が高かったことが伺える。

喜三郎はやがて江戸を去り、田舎で暮らしていた。だが、年老いて再び江戸に戻り、頭を丸めて僧形となり、片枝と称して諸国行脚に出た。その後、江戸の麻布宮村町の本光寺境内に住み着いたが、やがてひっそりと亡くなった。

いつ亡くなったのはわからない。おそらく周囲に住む人たちの手で、小塚原回向院に葬られたのであろう。ただ、ここは処刑者が数多く葬られており、なぜここに墓が建てられたのかは、謎である。

彦一とんち話

彦一塚：光徳寺　熊本県八代市出町8―9
アクセス：JR鹿児島本線八代駅、バス出町下車1分

狐狸も騙す笑いの人気者

とんち話は、一休さんをはじめ全国各地に数多く残されている。熊本県八代市出町に伝わる「彦一とんち話」の主人公もその一人だ。彦一は実在の人物で、持ち前の智恵で笑いを誘ったという。

JR博多駅から九州新幹線で一時間弱走ると新八代駅。乗り換えて八代駅へ。彦一の眠る光徳寺はすぐにわかった。山門をくぐると墓所のほぼ中央に「彦一塚」が鎮座していた。高さ二㍍もある大きな自然石である。昭和二十六年（一九五一）の建立で、そばに趣意書が次のように掲げられていた。

出町の彦一はその生日、命日を知らず。さりながら八代の民話は彦一話の外を出ず。伝ふらく彦一は奇才縦横、頓智自在、狐狸をたぶらかし天狗を友とし、庶民等しく之を親愛し……。

大変な人気者だったことが伺える。でも命日もわからないのに塚を建てたのは？　地元の人の話によると以前、光徳寺の墓所の片隅に苔の生えた丸い石があり、これが彦一の墓といわれていた。それがいつの間にかなくなってしまい、改めて建立したのだという。光徳寺に残る過去帳には、彦一の祖母と二人の娘のことが記載されていた。ただし彦一が彦市になっている。拾いだして記すと、

安永三丑歳　正月四日　出町彦市祖母／安永五申丙歳　六月二十五日　出町彦市娘

釈見玉童女／天明三年十月二十八日　出町彦市娘　釈智證

安永三丑歳は一七七四年だからいまから二百四十年前。この時期に彦一は祖母と娘を相次いで亡くしている。娘の戒名に童女とあるので三、四歳くらい。ここから推測して彦一の年齢は二十代半ばくらい。もう一人の娘が亡くなった天明三年は一七八三年だから、最初の娘を亡くして七年後になる。そんな不幸に見舞われながら、彦一は得意のとんちで人々に笑いを与えていたのである。

ある夏の暑い日、彦一は八人の百姓とともに馬の背に年貢米のコメ俵を三俵ずつ積んで出かけた。途中、喉が乾いたので湧き水のあるところへ行ったが、水が減って飲むこ

ともできない。すると彦一はいきなり着物を脱いで裸になり、池に飛び込んだ。みんなは気でも狂ったかと思ったが、お陰で池の水の量が増えたので、水を飲むことができた。池の水を飲むなど現代では考えられないことだが、水道のない江戸時代は川水や池の水を飲料水にするのは常識だった。

もう一つ、タヌキが彦一に「あんた、何が一番恐ろしいか」と訊ねた。「饅頭が恐ろしい」と答えると、タヌキは饅頭をどっさり持ってきた。喜んで受け取るのを見て騙されたと知ったタヌキは、彦一の畑に石をたくさん投げ込んだ。すると彦一は、「これはありがたい。石肥三年といって、もう遊んで暮らせる。これが馬糞だったら大変だったのに」と言った。タヌキはこんどは、石の代わりに馬糞を投げ込んだ。お陰で町中の馬糞はきれいに片づけられた。

朝がきて、彦一は馬糞が入った畑を見て、「困ったことをしてくれた」と、にっこりした。タヌキは満足そうに帰っていった。

大酒飲みの彦一なので、愉快な失敗も多い。明日は熊本に出かける前夜、彦一は濁り酒をそっと買ってきて戸棚に仕舞い込んだ。女房は彦一を懲らしめてやろうと、コメの

彦一塚
（光徳寺：熊本県八代市）

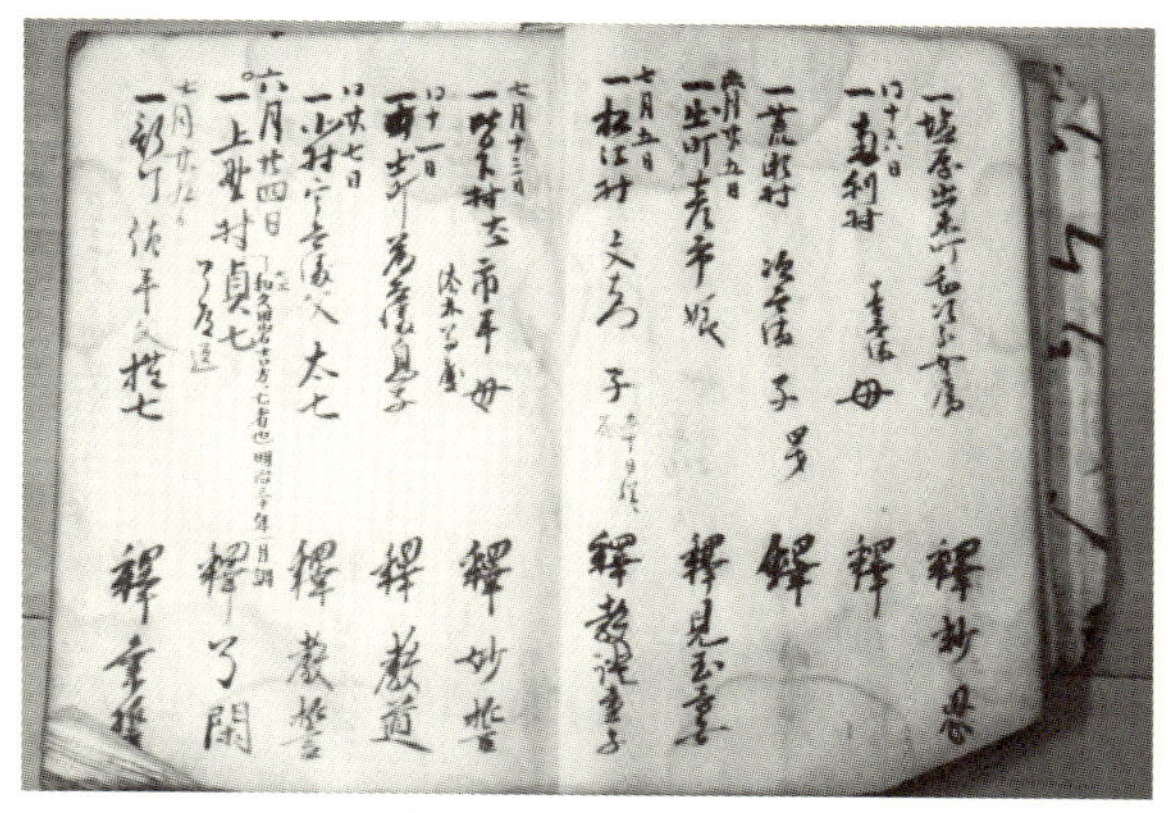

彦一ゆかりの過去帳
（光徳寺）

彦一人形
（熊本県八代市）

とぎ汁を濁り酒とすり替えた。そうとは知らない彦一は、翌朝、起きがけにこれをきゅっと飲み出かけた。ところがいつまで経っても濁り酒が効いてこない。足を引きずってやっと熊本に着いた。相手が「また二日酔いか」と笑って言うと彦一は「何の、二日酔いどころか、酒のやつに騙された」と惚（とぼ）けながら、女房のやつ、と舌打ちした。

彦一供養祭は以前は八月一日に催されていた。彦一の大きなはりぼてが出たものだが、現在は毎年九月第二土曜日に、光徳寺の本堂で催され、現代の彦一を任じる人物が登場する。読経の後、露店が立ち並ぶ境内では、カラオケ大会が賑やかに開かれる。この日ばかりは町を上げて、笑いが渦巻く。

第七章

おとぎ話の墓

浦島太郎
〝異界〟を見た若者

浦島太郎の墓：浦嶋神社　京都府与謝郡伊根町本庄浜141
アクセス：京都丹後鉄道宮豊線天橋立駅、バス74分
浦嶋神社前徒歩1分

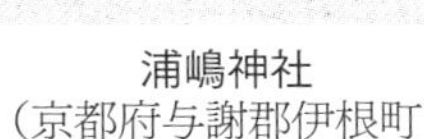

浦嶋神社
（京都府与謝郡伊根町）

昔むかし浦島は　助けたカメに連れられて
龍宮城に来てみれば　絵にもかけない美しさ

これは明治四十四年（一九一一）にできた小学唱歌「浦島」の歌詞の冒頭部分だが、昭和戦前まではよく歌われていた。浦島伝説のなかでもっともポピュラーなのが『尋常小学国語読本』（巻三）に登場する「うらしま太郎」である。

浜辺で子どもたちがカメを捕まえていじめているのを見つけた太郎は、貰い受けて海に放してやった。数日後カメが現れ、太郎はその背に乗って

海底の龍宮城へ行き、乙姫のもてなしを受ける。夢心地で故郷に戻ってみると、わが家もなくなっていた。土産の玉手箱を開くと白い煙が立ちのぼり、太郎はたちまちお爺さんに……という内容だ。

浦島太郎の墓はどこか。調べてみると浦島伝説は福井県、島根県、神奈川県、沖縄県など全国各地に散らばっており、香川県三豊市詫間町には家族の墓まで存在するという。一方、京都府与謝郡伊根町の浦嶋神社の祭神は、そのものずばり浦島太郎だという。引き込まれるように丹後半島北東部に位置する浦嶋神社を目指した。

ＪＲ京都駅から山陽線、舞鶴線を乗り継いで西舞鶴へ。京都丹後鉄道宮富線に乗り換えて天の橋立駅で下車。ここまでざっと二時間。駅前からタクシーで走ると静寂に包まれた浦嶋神社に着いた。正しくは「宇良（うら）神社」と呼ばれる。

祭神は「筒川の浦嶋子」といい、開化天皇の後裔氏族で、筒川の村の若い領主だった。「浦嶋子口伝記」にはおよそ次のように書かれている。

浦嶋子は人皇二十一代雄略天皇の二十二年（四七八）七月七日に、美婦に誘われ常世の国へ行き、三百有年を経て天長二年（八二五）に帰ってきた。淳和天皇はこの話を聞き、浦嶋子を筒川大明神と名付け、勅使を遣わし、宮殿を造営した。

浦嶋神社の創紀は天皇の命で宮殿を建てた年なので、千二百年余の歴史を持つ。近くに浦嶋子が住んでいた筒川の村がある。浦嶋神社には「浦嶋明神絵巻」や乙姫から貰った「玉手箱」、それに「浦嶋子口伝記」などが現存する。絵巻は掛幅形式一幅に物語が描かれている。鎌倉中、後期の作品というから七百年前のもの。玉手箱は二つ重ねで、鏡や櫛、眉筆、頬紅が入っている。室町時代の作で五百年前のもの。国の重要文化財である。

「浦嶋明神絵巻」
（浦嶋神社蔵）

物語の内容が、時代を経て次第に変化していったのは明らかだ。最初はカメが美しい女性に変わり、異界にまどろむ話で、それが海底の龍宮城になり、カメの報恩話になる。浦嶋子の呼び名が浦嶋太郎になるのは室町時代に書かれた『御伽草子（おとぎぞうし）』だ。二十四、五歳の若い太郎がカメの背に乗り、龍宮城に赴き、乙姫と夢のような日々を過ごし、帰宅して土産の玉手箱を開けると、煙が立ちのぼり……、という具合に変化する。

幻想とロマンを秘めた物語だが、このうち玉手箱の話は、開けてはならないという約束を破ったために老人になってしまう内容になり、約束の大事さを伝えた。

浦島太郎の墓。正面に「宇良神」と刻まれている（京都府与謝郡伊根町）

さて、肝心の墓はどこに。神社の裏手に自然石に「宇良神」と刻まれた碑が鎮座していた。黒々と光る年期の入った石である。これが「太郎の墓」とされるもので、祭りになると神職が必ず詣でる、と聞かされた。

浦嶋子が歩いたという浜辺を、ゆっくりと歩いてみた。空にぽっかり白い雲が浮かび、大きな波がゆったりと打ち寄せる。けだるいような真夏の午後で、海岸線の向こうに陽炎が燃え立っていた。

桃太郎

イヌ、サル、キジと鬼退治

桃太郎伝説がある吉備津神社：岡山県吉備津市931
アクセス：JR吉備線（桃太郎線）吉備津駅徒歩9分
桃太郎の墓とイヌ、サル、キジの墓：桃太郎神社　香川県高松市鬼無（きなし）
アクセス：JR予讃線鬼無駅徒歩20分

日本の昔話を代表する作品といったら「桃太郎」だろう。モモから生まれた桃太郎が、イヌ、サル、キジをお供に鬼ケ島に渡り、鬼を退治して、戦利品の宝物を持ち帰る。明治三十三年（一九〇〇）に発表された文部省唱歌「桃太郎」の歌詞は、

桃太郎さん　桃太郎さん　お腰につけたきび団子　ひとつ私にくださいな
あげましょう　あげましょう　これから鬼の征伐に　ついてくるならあげましょう

とあり、きび団子を報酬に悪い鬼を打ち負かす微笑ましいものだった。だが太平洋戦争中は戦意高揚に利用され、桃太郎は、前髪に日の丸の鉢巻きを締めて敵国を成敗する勇敢な武人にされた。

桃太郎の故郷はどこにあるのか。調べてみると物語は東北から沖縄まで広く分布していた。そのうちもっともよく知られているのが「岡山の桃太郎」だ。岡山といえばモモ

桃太郎伝説がある吉備津神社
（岡山県吉備津市）

ときび団子が名産なので、すんなり桃太郎に結びつく。JR岡山駅の二階コンコースに「桃太郎像」が建っている。左手をかざす桃太郎の右にイヌ、左にサル、右肩にキジが止まっている。駅前にも同じ像が建っている。

桃太郎のモデルとされるのが岡山市にほど近い吉備津市の吉備津神社の祭神、吉備津彦命（きびつひこのみこと）である。ここに鬼退治の伝説が残っている。

『古事記』によると吉備津彦命は第七代孝霊天皇の皇子、比古佐勢理毘古命（ひこいさせりびこのみこと）を指し、弟の若日子建吉備津日子命（わかひこたけきびつひこのみこと）と協力して吉備国を平定したと記されている。

このあたり大和と筑紫（北九州）の間に位置し、吉備路を中心に繁栄した。農業だけでなく鉄を生産する技術も持っていた。

鬼退治の話はこうだ。第十一代垂仁天皇の世（紀元前二九〜七〇年）、吉備国に異国の皇子が舞い降りた。身長一丈四尺（約四・二メートル）、両目がらんらんと赤く燃えるようだった。温羅（うら）という名で、自ら「百済（くだら）の皇子」と名乗った。おそらく鉄器を作ることができる渡来人だったのが、こうした伝承を生んだのであろう。

温羅は山に城を築き、瀬戸内海を通る船を次々に襲って物資を奪い、町に降りて女性を略奪するなど暴挙を重ねた。この山城が総社市黒尾の頂上に現存する鬼ノ城（きのじょう）である。

朝廷は軍勢を送り込んで退治しようとしたが、温羅は変幻自在に暴れ回り、手がつけられない。命を受けた吉備津彦は犬飼武命、楽々森彦命（ささもりひこのみこと）、留玉臣命の三人の家来を率いて陣を築き、温羅を追い込んでついに討ち果たす。この三人が陰陽道によると鬼門の反対の西の方角になる戌（いぬ）、申（さる）、酉（とり）に当たり、それがイヌ、サル、キジの役目になったのだという。

吉備津彦は晩年はこの地に住み、二百八十一歳の長命を保って亡くなり、吉備の中山

桃太郎とイヌ、サル、キジの像
（岡山市、ＪＲ岡山駅前）

茶臼山古墳に葬られたという。この古墳が墓である。

ところで瀬戸内海を挟んで、対岸の香川県高松市鬼無町に、そのものずばり桃太郎神社が現存する。瀬戸内海に浮かぶ女木（めぎ）島を土地の人は「鬼ケ島」と呼び、昔、島に住む鬼がこの地にやってきて乱暴を働いた。その時、立ったのが吉備津彦の弟の稚武彦で、鬼をさんざんにやっつけて、鬼がいなくなった。それで鬼無という地名になったという。

ＪＲ高松駅から電車で二つ目の鬼無駅で下車し、西へ二十分ほど歩くと桃太郎神社に着く。以前は熊野権現と呼ばれていたが、せっかくの「鬼無」の伝説を生かそうと、桃太郎神社に変えた。いまから四十年ほど前の話だ。

狭い境内に桃太郎をはじめ、イヌ、サル、キジの墓が並んでいた。桃太郎の墓は自然石で締め縄が施されている。イヌ、サル、キジの墓は館を模した小さなものである。ちょうど母子連れがやってきて、幼子が小さな手を合わせて祈った。それを笑顔で見つめる若い母。ほほえましい光景である。

桃太郎の墓。その先にイヌ、サル、キジの墓
(桃太郎神社:香川県高松市)

この近くにはモモが流れてきた木津川、爺さんが柴刈りにいった柴刈山、桃太郎が生まれ育った赤子谷…など伝承にまつわる地名が点在していて、昔話がより身近に感じられた。

一寸法師

両親が願を賭けた大阪住吉大社：大阪市住吉区住吉2
アクセス：南海本線住吉大社駅徒歩3分

願が叶い生まれた小さな子

一寸法師の墓を探そうと思い立ったが、何の手がかりもない。『御伽草子』によると故郷は「津の国の難波の里」で、高齢な両親の願いにより、神から授かった子どもなのだという。その文章はこんな内容である。

津の国におほぢと、うばと侍り。うば四十にをよぶまで子なきことをかなしみ、すみよしにまいり、なき子をいのり申すに、大明神あはれとおぼしめして、四十一と申すに、いつくしきおのこをまうけけり。おほぢよろこびかぎりなし。

翁と媼といっても四十歳を少し超えた程度。いまの世なら高年齢出産も容易な年齢だ。大明神により授けられた子が一寸法師と呼ばれ、小柄なのに腕白で、媼から針の刀をもらい、お碗の舟に乗り、箸を櫂にして船出していく。

両親が願をかけた「すみよしの大明神」は、現在の大阪市住吉区の住吉大社である。

『住吉大社畧記』によるといまから二千年年前、神功皇后が熊襲を降伏させ、新羅へ遠征して平定、凱旋した時に、住吉の神を祀ったのが創紀という。このあたり難波、浪速と呼ばれ、船乗りや漁業者の間で「海の守り神」と崇められた。

西大鳥居をくぐると正面参道の先に神池が見え、朱塗りの太鼓橋が架かっている。「住吉名所図絵」（寛政七年、一七九五）に、一寸法師がお碗の舟に乗った絵が描かれていて、背景にこの反橋が見える。

『御伽草子』十九「一寸法師」
（国立国会図書館蔵）

大阪は昔から「水の都」といわれ、淀川とその分流の大川、末流の堂島川、土佐堀川、安治川、木津川、それに神崎川、大和川、寝屋川、平野川など数多くの川が流れていた。難波は針の生産地だったこともあり、一寸法師の刀が針だったのも頷ける。

お碗の舟に乗った一寸法師は、大川から本流の淀川に入り、遡った。この川は京都との境界から桂川と名を変える。ここからほど近い大山崎に宝積寺という

一寸法師が出立した太鼓橋の架かる神池
（大阪住吉大社：大阪市住吉区）

寺があり、一寸法師が立ち寄って体を鍛えたという伝承があり、打出の小槌が宝物として祀られている。

一寸法師は長旅の末にやっと京都に着いた。早速、三条の宰相邸を訪ねるが、体が小さいので、声は聞こえるが姿が見えない。踏みつけられそうになり、面白がられて屋敷に住むようになる。

歳月が過ぎて一寸法師は十六歳になり、姫のお供をして鳥羽の津から舟に乗った。ところが強風に煽られて奇妙な島に着いた。島に上がると鬼が二匹やってきて、姫を引っ捕らえ、一寸法師をやにわに呑み込んだ。一寸法師は呑み込まれても目から抜け出し、針の刀であたりかまわず突き刺したので、鬼は持っていた打出の小槌を投げ捨てて逃げた。

一寸法師はそれを拾い、「わが背よ、大きくなれ」と言って腰をどんと打った。すると背がするすると伸びたので、姫は手を叩いて喜んだ。

鬼退治の話はすぐに広まり、帝は一寸法師を召しだした。一寸法師の祖父が堀河中将の子どもとわかり、堀河少将の位を授けられた一寸法師は姫と結婚し、老父母を呼んで幸せに過ごした。めでたし、めでたし、と相成る。

この話だと一寸法師の墓は、堀河少将の墓ということになる。堀河少将は実在の人物で、白河天皇の第二子が即位して堀河天皇を名乗っていることもあり、高貴な立場にいたのは明らかだ。だが調べたものの、その人の墓を見つけることはできなかった。

やむなく生まれ故郷である大阪の住吉大社を再び訪れた。一寸法師がお碗の舟で船出したという神池の前に佇む。夕暮れが音もなく迫っていて、どこからか「よく参られたな」という法師の声が聞こえるような錯覚にとらわれた。

両親が願を賭けた大阪住吉大社

かぐや姫

月の国に帰った美しい姫

竹取塚：奈良県北葛城郡広陵町三吉391―1
アクセス：近鉄大阪線大和高田駅、竹取公園東行きバスで17分
竹採塚：静岡県富士市比奈竹採公園
アクセス：JR東海道本線吉原駅、岳南鉄道岳南原田駅徒歩15分

満月の夜、まばゆい光に包まれて月の世界へ帰っていく。ロマンに満ちたかぐや姫の墓はどこにあるのだろう。おとぎ話のうえ、月に帰ってしまったのだから、存在するはずもないのだが、痕跡だけでもつかめないか。

かぐや姫にまつわる伝承も全国各地に点在する。いずれも月が美しくて竹林がある地域というのが共通している。その中の一つ、奈良県北葛城郡広陵町は「わが町こそ、かぐや姫の故郷」と宣伝している。この町を訪ねたら何か手がかりをつかめるかもしれない。

かぐや姫が登場する『竹取物語』は平安初期（八世紀末から九世紀初め）に書かれたもので、わが国最初のかな文字による文学作品である。ただし作者は不詳。これをもとに『竹取翁』『かぐや姫』などの読み物が出回り、評判になった。物語の内容はこうだ。

ある日、竹取の翁が黄金に光る竹を見つけて切ったところ、中から輝くばかりの女の

子が現れた。かぐや姫と名付けられ、わずかな間に美しく成長した。国中の評判になり、五人の貴公子が次々に結婚を申し込むが、姫は応じず、無理難題を押しつけてついに退散させてしまう。帝（みかど）が求婚しても拒絶した。

いつしか歳月が経ち、ある夜かぐや姫は、満ちてゆく月を眺めて悲しみの涙を流した。

竹　取　塚
（奈良県北葛城郡広稜町）

翁夫婦が理由を訊ねると「あの月が満ちたら、わたしは月に帰らなければならないのです」と打ち明けた。驚いた翁は帝に事情を伝えて、月に帰るのを阻むことにした。

満月の夜、帝の軍勢が翁の家の周りを固めたが、月光が輝いて兵士ら

讃岐神社
（奈良県北葛城郡広稜町）

の目を射抜き、かぐや姫は静かに月の国へ帰っていった。

奈良県の広陵町を訪ねたのは秋の深まるころだった。ＪＲ京都駅から奈良線で桜井駅へ。ここから車で広陵町へ。道端に立つ「ようこそいにしえのロマンかぐや姫の郷（さと）へ」と書かれた看板に迎えられて「竹取物語」の舞台に踏み込んだ。

このあたり奈良時代から大和国広瀬郡（こおり）と称され、同町三吉付近は散吉郷（さぬきごう）と呼ばれ、古墳、遺跡などが数多く見られる。周辺を歩くとそこここに竹林が見え、なだらかな丘陵地に讃岐神社が建っていた。竹の中からかぐや姫を見つけた翁は

「讃岐造（さぬきのみやつこ）」という名だったというから、このあたりに住んでいたことになる。

地元の郷土史家によると、この町には「竹」や「藪」の付く姓の家が百八十軒もあり、この三吉だけで「竹村」姓が四十戸も集中しているという。そう言われて表札を見ると、確かに「竹村」「竹本」「竹内」など竹のついた姓が多い。

竹採塚
（静岡県富士市比奈竹採公園）

歩いているうち、竹林の中にうずくまる塚を見つけた。驚いて近づくと「竹取塚」と刻まれている。塚は墓を意味するから、これは「竹取の翁の墓」ということになる。

もとより後年、伝承をもとに祀ったものだろうが、かぐや姫につながる竹取塚の前に立って、なぜか心和(なご)むものを覚えた。

ところで別な土地に、かぐや姫の墓があると教えられた。JR東京駅から東海道新幹線で三島駅まで。ここから東海道本線で五つ目の吉原駅で下車。ここで岳南鉄道に乗り換えて南原田駅で下車し、一キロ余り歩くと静岡県富士市比奈の竹採公園に着く。その一隅に「竹採塚」と名付けられた墓石が、岩石を積み上げた上に安置されていた。高さ七十センチほどの自然石で、一隅がスゲで囲われている。これが「かぐや姫の墓」とされる。ちなみに比奈の地名は、昔「姫名郷(ひなごう)」と呼ばれた。姫の住む村の意味である。

もう一つ、香川県さぬき市長尾町にも迹迹日百襲姫(やまとととひももそひめ)を祭る田村神社があるが、この姫をかぐや姫としているのである。いやもっと驚いたのは、この周辺には十カ所を超えるかぐや姫伝承の地が点在しているのだ。月と竹林があったら、どこでもかぐや姫の舞台になるという証左でもあろう。だが、姫は天に帰ったのだから墓があるのはいかがなものか、とのぼせた頭で真面目に考えてみた。

物ぐさ太郎

物ぐさ太郎を祀る穂高神社若宮社：長野県安曇市穂高６０７９
アクセス：ＪＲ大糸線穂高駅徒歩３分
物草太郎遺蹟地の碑：松本市新村
アクセス：松本電鉄上高地線北村・松本大学駅徒歩３分

出世して〝長生きの神〟に

物ぐさ太郎の物語ほど愉快なものはない。ホームレスのようなだらだらした日々を送っていた若者が、ある日突然、京へ行かされ、美しい女性に一目惚れし、追いかけてものにする。そのうえ甲斐、信濃の領主になり、しかも百二十年間も生きて〝長生きの神〟になるのだから、恐れ入る。

『御伽草子』はこんな文面で始まる。

　東山道みちのくの末、信濃国十郡のその内に、筑摩（ちくま）あたらしの郷（さと）といふ所に、不思議な男一人侍（はべ）りける。其名を物くさ太郎ひぢかずと申し候。名を物くさ太郎と申す事は、国にならびなき程の物くさしなり。

「信濃国筑摩郡あたらしの郷」とは現在の長野県松本市の新（あたらし）を指す。ＪＲ新宿駅から中央本線の特急電車に乗り、三時間かかって松本着。ここから大糸線に乗り換え二十分

『御伽草子』九「ものくさ太郎」
（国立国会図書館蔵）

ほど走ると穂高駅。ここが物ぐさ太郎の故郷である。

物ぐさ太郎は文面によると「ただ竹を四本立て、薦（こも）をかけ」た家に住み、「雨の降るにも、日の照るにも」「商ひもせず、物もつくらねば食物なし。四、五日のうちにも起き上がらず、臥せり居りけり」というぐうたらな暮らしをしていた。

ある時、情け深い人が通りがかり、餅を五つ手渡した。太郎は四つまで食べて、一つを誤って道路に転がしてしまった。太郎はそれを取りに行くのもわずらわしいので、竹の竿でイヌやカラスが近寄るのを払いながら、誰かくるのを待ち続けた。

三日後に新村の地頭、左衛門尉（さえもんのじょう）という人が家来を連れて通りがかったので、「その餅を拾ってくれ」と頼んだ。地頭は、その物ぐさぶりにいたく感心して、里人たちによく養うよう命じた。

三年経ったころ、信濃の国司は、朝廷の命で京都に夫役（ぶやく）を出すことになった。百姓たちに相談したがなり手がなく、太郎に理屈をつけての仕事を引き受けさせた。

太郎は京都に行き、大納言に仕えたが、人々は身なりの余りの汚さに嘲り笑った。だが太郎は京の景色が余りに美しく、仕事も楽しいので、着替えなど一度もせずに働いた。

やがて帰国の日がきて、太郎は主人の大納言に「美しい妻を連れて帰りたいので紹介してほしい」と頼んだ。主人は呆れ果て、「清水観音の縁

物ぐさ太郎を祀る穂高神社若宮社
（長野県安曇野市）

「物草太郎遺蹟地」の碑。その奥に太郎像
（松本市新村）

日にでも出かけてそれらしい女を探すがいい」と答えた。太郎は清水観音に出かけてぶらぶらするうち、下女を連れた美しい姫を見て、「妻にするにはこの女性しかいない」と思い込んだ。執拗にその後をつけ回し、その挙げ句、同家に住まうことになる。

姫の父の豊前守は太郎を呼び出し、連歌を作らせたところ、素晴らしいものができた。その話を聞いた帝は、太郎を信濃中将に任じ、甲斐、信濃の二国を与えた。

太郎は信濃の新村に戻って甲斐、信濃を治め、かたわら穂高神社を造営した。長命を保って亡くなり、いまは穂高神社若宮社に神として祀られている。吉沢好謙『信濃地名考』に「安曇郡保高神社の辺に物臭が墓あるよしなり」とある。

穂高駅に降り立つ。物ぐさ太郎の故郷にふさわしく、のどかな風景である。五、六百メートルほど先の田んぼの脇に「物草太郎遺蹟地」の碑が建っていた。そばに腰掛けた若い男の像が見える。これが物ぐさ太郎の像で、太郎が餅を転がした場所なのだという。このあたり二本松と呼ばれ、穂高神社の社地になっていて、水田が広がる堤に同神社の明治時代の宮司武田正樹の詠んだ一首が記されていた。

　二本松昔の人の塚と聞く
　　偲びて濡るる夜の雨かな

穂高神社の若宮社に詣でた。太郎が神と祀られている社(やしろ)だから、ここが墓といってもよかろう。読み本を思わせる二面を合わせた「物ぐさ太郎の碑」があり、その生きざまが記されている。のどかさを超え、気だるいほどの初夏の昼下がりなのに、なぜか微笑ましい気分になった。

酒呑童子

鬼嶽稲荷神社：京都府福知山市大江町北原
アクセス：京都丹後鉄道宮福線大江駅、車で35分

権力にまつろわぬもの

大江山に棲みついた酒呑童子は、しばしば京の都に下り、家々を襲って金品を略奪し、女性をさらっていった。大江山の山頂に酒呑童子を祀る鬼嶽稲荷神社があり、これが「酒呑童子の墓」と考えていい。というわけでＪＲ京都駅を出発した。

山陰本線福知山駅で下車し、京都丹後鉄道宮福線に乗り換え、大江駅で下車。ここが京都府福知山市大江町である。「酒呑童子の里」「神と鬼が戯れる町」を標榜しているだけあって、駅前の大江山公園には、鬼の屋根付き回廊の柱一つ一つに鬼瓦がはめ込まれ、外側には物凄い形相の鬼面柱が見える。

酒呑童子が登場するのは南北朝初期（十四世紀）の『大江山絵詞』で、これが香取神宮宮司家に伝わり『香取本大江山絵詞』になり、『御伽草子』などに発展した。諸説があるが大筋で述べると……。

平安時代の永延三年（九八九）、池田中納言国賢の姫が何者かにさらわれた。姫だけでなく、都の娘たちが相次いで行方不明になった。おののいた宮中は、陰陽師の阿部清明に占わせたところ、丹波の大江山に棲む鬼どもの仕業とわかった。大将を酒呑童子といい、不思議な術を操る〝鬼神〟だという。

朝廷の命を受けた源頼光は、翌年春、三神に加護を願い侍大将の藤原保昌、〝四天王〟といわれた渡辺綱、坂田金時、卜部季武、碓井貞光の五人を率い、山伏姿に変装して、大江山に向かった。千丈ケ嶽の麓まで辿り着いたが、たちまち霧が立ち込めて身動きできなくなった。そこへ三人の老人が現れ、道案内をしてくれた。そして「神便鬼毒酒」と「星兜」を手渡して、忽然と消えた。三人の老人は頼光が祈った三神の化身だった。

鬼嶽稲荷神社
（京都府福知山市大江町）

断崖が連なる渓谷に沿って二瀬川上へ遡ると、若い女性が血のついたカタビラを洗っていた。京からさらわれた娘の一人で、鬼の岩屋には池田中納言の姫も含めてさらわれた女性が三十余人もいることがわかった。

頼光一行は岩屋の門前で「道に迷ったので、泊めていただきたい」と頼み込み、岩屋に入り込んだ。やがて酒呑童子が大音響とともに現れた。酒宴になり、頼光は「神便鬼毒酒」を差し出した。酒呑童子はこれを浴びるように飲んで酔い潰れてしまう。手下の鬼たちも酔って眠ってしまった。

頼光らは笈の中から武具を取り出して着込み、眠っている酒呑童子を起こし、やにわにその首を切り落とした。首は「鬼に王道なきものを」と叫んで空中高く飛び上がり、頼光の兜に噛みついた。だが三神から授かった「星兜」をかぶっていたので、兜の皮一枚残して無傷で済んだ。手下の鬼たちが起き上がり応戦したが、たちまち斬り殺された。こうして頼光らは酒呑童子を討ち取り、捕らわれていた娘たちを救い出して京に凱旋した。

物語の展開に沿うように、車で大江山の山間へ分け入った。渓谷を流れるのが二瀬川で、断崖が折り重なって見える。娘が血のカタビラを洗っていたのはこのあたりか。途中、鬼飛岩や頼光が休んだという腰掛岩が見えた。

大江山の中腹あたりに、鬼の交流博物館が建っていた。深い沢が延びていて、ここが酒呑童子の屋敷跡で、高台とおぼしき広場に三匹の鬼のモニュメントが天を突いて立っていた。千丈ケ滝の音を聞きながら山道を登っていくと、タタラ跡と呼ばれる製鉄所跡が三カ所も残っていた。酒呑童子は製鉄を用いるまったく異なる文化圏を作り、朝廷に抵抗した異形の集団であった、と判断できる。

鬼のモニュメント
（京都府福知山市大江町）

千丈ケ原を越えて原生林を突っ切ると、急に視界が広がり、大江連峰を眺望する形で鬼嶽稲荷神社が建っていた。これが酒呑童子の墓で、そばに「酒呑童子供養碑」の標識が見えた。朝廷にさからい、〃まつろわぬ者〃としてこの山に棲みつき、鬼として生きた人間たちがいたという事実を、複雑な気持ちで重く噛みしめた。

第八章　昔話を彩る鳥獣の墓

夕鶴

約束を破ってしまった若者

鶴布山珍蔵寺：山形県南陽市漆山１７４７—１
アクセス：フラワー長井線おりはた駅徒歩８分
夕鶴の碑：新潟県佐渡市北片辺
アクセス：相川海府線30分、北片辺公民館前すぐ

昔話の「鶴の恩返し」に出てくる「夕鶴の里」が山形県南陽市漆山地区にあり、そこにツルに因んで建てられた鶴布山珍蔵寺という寺があるという。はたと膝を叩いた。昔は人間と鳥獣の交わる話がよく出た。鳥獣の墓参りというのも、いいではないか、と。

ＪＲ東京駅から東北・山形新幹線で山形の南陽市へ。春三月の北国の町は、まだ雪に埋もれていた。車で漆山地区の小高い丘に建つ鶴布山珍蔵寺へ。山門の古い門柱に「仙鶴留毛伝軼　古経在寺是珍蔵」と刻まれている。ツルが羽根を留めた伝え、その経文のある是(こ)の珍蔵寺、という意味である。この地に伝わる夕鶴の伝承はこうである。

昔、機織(はたおり)川の畔が葦やぶばかりだったころ、ここに金蔵という正直で働き者の若者がいた。ある日、隣町に商いに行った帰り道、田んぼ道で子どもたちが大きなツルの足を縛り、棒でいじめていた。金蔵は商いで稼いだ金を渡してツルをもらい受け、放してや

った。ツルは天空を何回も舞いながら去っていった。

その晩、金蔵の家に、足に傷を負った娘が訪れ、「道に迷ったので助けてください」と言った。金蔵は家に入れて傷の手当てをしてやった。翌朝、金蔵が目覚めるともう食事ができていた。二人で仲良く朝ご飯を食べた。

娘は「お礼にある物を織るので、七日間は機織しているところを見ないでください」と言い、離れの部屋に入り、ゴットンバッタン機を織りだした。

七日目の朝、待ちきれなくなった金蔵は、離れの部屋の戸を開けると、そこにいたのは娘ではなく、痩せたツルで、自分の羽根を抜いて機を織っていた。娘のツルは「あんなに約束したのに」と悲しみ、天高く飛び去っていった。

金蔵は「ツルさえ恩返しするのに、ワシは約束を破ってしまった」と嘆き、寺を建てて、ツルが置いていった曼陀羅の織物を納めた。

この寺は金蔵寺と名づけられたが、ツルの織物のある珍しい寺というので、珍蔵寺と呼ばれるようになった。

珍蔵寺には残念ながらツルが織ったという織物は現存しない。だが本堂にはツルの剥

鶴布山珍蔵寺
（山形県南陽市）

夕鶴の碑
（新潟県佐渡郡市北片辺）

製が置かれていた。先年、檀家が寄進したものという。境内に建つ鐘楼の鐘にツルの物語の絵が刻まれていて、お寺全体が「ツルの墓」なのかもしれない、との思いを強くした。

ツルの物語が数多く伝えられる新潟県佐渡市には、ツルの墓まで残っていると聞き、足を延ばした。新潟港から船で二時間余りで佐渡島の両津港に至る。同市佐和田町の真光寺と並ぶ金北山神社境内に「饒鶴碑」が建っていた。

碑文によると文化六年（一八〇九）のある日、ツルが群れをなして飛んでいるのを猟師が見つけ、つがいを捕らえて佐渡奉行の柳沢八郎右衛門に差し出した。だがツルは間もなく死ぬ。奉行は嘆き、死骸を真光寺境内に葬り、碑を建てた。まさに「ツルの墓」だ。

佐渡島は昔からツルがよく飛来した。それに着眼した劇作家の木下順二は、昭和二十三年（一九四八）、佐渡市相川町の物語として一幕物の「鶴女房」を書き、さらに山本安英をイメージした戯曲「夕鶴」を書き上げ、翌年、初演にこぎつけた。この舞台は戦後の混乱期から高度成長期へ入る時代とマッチしてか、現代人の心を捉え、爆発的な人気を呼び、千回を超える大ロング公演になった。以来、相川町は「夕鶴のふるさと」と呼ばれた。夕鶴の里公園ができ、木下の筆跡になる「夕鶴の碑」が建っている。

因幡の白ウサギ

白兎神社：鳥取県鳥取市白兎宮腰６０３
アクセス：ＪＲ鳥取駅、鹿野行きバス約40分

大国主命に救われて

神話に出てくる「因幡の素兎」の物語は、ワニに毛をむしられて赤肌にされ、苦しんでいるウサギを、通りがかった大国主命が救う内容である。鳥取県鳥取市白兎には、ウサギを祭神とする白兎神社がある。これって〝ウサギの墓〟ってことにならない？

白兎神社はＪＲ山陰本線鳥取駅で下車し、車で少し走ると海岸線に出る。それを西に進むと白兎海岸と呼ばれる美しい砂浜が続く。ここが神話の舞台である。

『日本の神話と十大昔話』（楠山正雄著）から粗筋を紹介すると……。

出雲の国に八十神と呼ばれる何十人もの兄弟の神がいた。大国主命はそのなかの一番末の子に生まれた。八十神はみんな意地悪で大国主命をいじめた。

出雲の国の隣の因幡の国に八上比売という美しい姫がいた。八十神たちはみな、この姫を自分の妻にしたいと言いだし、大騒ぎになった。結局、みんなで姫のところへ行き、

誰が一番ふさわしいか選んでもらうことになった。大国主命も兄たちの食べ物や衣類を入れた大きな袋を背負ってその後に従った。

八十神たちは途中、因幡の国の気多(けた)の前(さき)という浜辺に着いた。すると若いウサギが体の毛をむしり取られ、赤肌のまま砂浜に転がり、泣いていた。それを見た八十神たちは笑い、その中の一人が「すぐ海の中に入って潮水に浸かり、吹きさらしの丘の上で寝ていたらすぐ直る」と言った。ウサギが言われたようにすると、ますます痛くなり、砂の上を転げ回った。

大国主命は大きな袋を背負っているので、みなに遅れてやっと気多(けた)の前(さき)に着いた。そこでウサギから、ワニを騙して隠岐島から気多の前へ並べて渡ろうとして嘘がばれ、ひどい目に遇ったことを聞かされた。大国主命はすぐに「真水で肌を洗い、ガマの穂を敷いて横たわるがいい」と教えた。ウサギが言われた通りにするとすぐよくなり、白い毛が生えてもとの体になった。ウサギは喜び、その優しさを讃えて、姫が夫にするのは兄神たちではなく、大国主命でしょうと予言した。

大国主命はずっと遅れて八上比売のもとに着いた。八十比売は兄神たちには目もくれ

白兎神社
（鳥取市白兎）

ず、誠実な大国主命を選んだのだった。

白兎海岸に建つレストラン脇の細道を行くと、その先にウサギを祭神とする白兎神社が建っていた。途中に、ウサギが体を洗った「御身洗池（みたらしのいけ）」があり、ガマの穂が揺れていた。穂にくるまり風に吹かれて横たわった丘が「身干（みほし）山」というのだそう。

案内してくれた氏子の漁民は「だからこの神社は日本の医療の発祥地であり、昔から病気、傷痍に霊験あらたかな神として敬われています」と話した。そうか。医療の神だったのか、と改めて合点した。

大国主命と結婚した八上比売を祭るの

「白兎神社」の標識
（白兎神社）

が、八頭郡河原町曳田の八上売沼（比売）神社である。ここにもウサギが二人の結婚を予言した話が伝わっている。近くに、大国主命が背負った袋からついた布袋、袋が重くて置いたところからついた袋河原という地名があり、なるほどと頷かされた。

ところで童謡「大黒さま」は大国主命を歌ったものだが、ひとつの混同が起こった。九世紀初頭に、伝教大師が古代インドの神マハカーラ（摩訶迦羅）を比叡山に祭ったが、その神が大黒天だった。頭巾をかぶり、袋を背負い、右手に金の槌を持った姿が大国主命のイメージと符合したのが間違いのもとになった。

だが日本人は、こんなことにはこだわらない。だって神も、仏も敬い、クリスマスを祝い、商戦のホワイトデーにまで首を突っ込む民族なのだから。いや、ご無礼。

證城寺のタヌキ囃

證誠寺の狸塚：千葉県木更津市富士見2―9―30
アクセス：内房線木更津駅、西口から富士見通り西へ約5分

お腹叩いてポンポコポン

しょっしょっしょじょじ　しょじょじの庭は
つ　つ　月夜だ　みんな出て　来い来い来い
おいらの友達ゃ　ポンポコポンのポン

童謡「證城寺の狸ばやし」（野口雨情作詞、中山晋平作曲）は、タヌキたちと和尚さんのユーモラスな姿を歌ったもので、大正十三年（一九二四）、雑誌「金の星」十二月号に発表されて、子どもたちの間に一気に広まった。

ところでこの中のタヌキの一匹が、腹を叩きすぎで裂けてしまい、死んでしまった。それで墓が建っているのだという。うむ、それは何としても訪ねねばならぬ。

歌の舞台になったのは、千葉県木更津市富士見にある證誠寺という寺である。歌に出てくる證城寺の「城」が「誠」になっているので、あれっ、と思ったが、作詞者が意図

タヌキの墓「狸塚」
（證誠寺：千葉県木更津市）

的に変えたものという。

それにしてもなぜ、こんな歌ができたのか。松本斗吟『證誠寺の狸囃（たぬきばやし）』に面白く書かれているので紹介すると…。

證誠寺が建っているあたりは昔、鈴森と呼ばれた寂しいところで、樹木が覆い茂り、タケ藪が生えていて昼間も薄暗く、キツネやタヌキの巣窟になっていた。

ある夜、寺の和尚さんが夜中、ふと目を覚ますと、外の方でがやがや声が聞こえる。何事かと寝巻のまま起きだし、戸の節穴からのぞいてみると、大ダヌキ、小ダヌキ数十匹が自分の腹を叩いて、歌いながら調子を揃えて歩いている。

證城院のぺんぺこぺん
おいらの友達ゃどんどこどん

和尚さんは肝を潰すほど驚いた。でもあまりに楽しそうなので、思わず小声で「ぺんぺこぺん」と歌いだし、調子に乗って足拍子までとった。ところがタヌキは逃げだすどころか一緒になって歌い、踊り、和尚さんと競うように腹を叩いた。

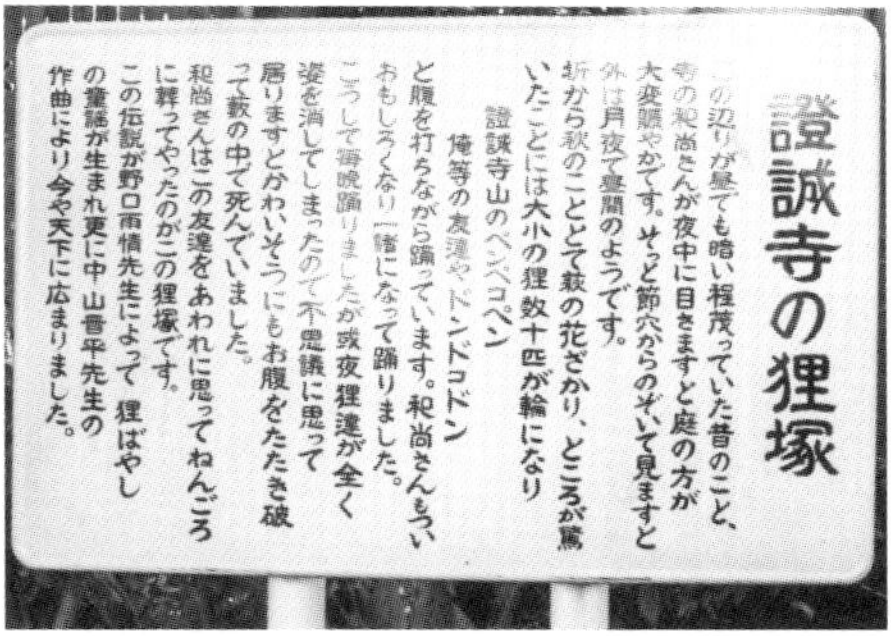

證誠寺の狸塚の由来板
（證誠寺）

そんな夜が何日か続いて、ある夜、急にタヌキが現れなくなった。不思議に思って周辺を見てみると、一匹の大ダヌキが腹が裂けて死んでいた。和尚さんはその死を哀しみ、墓を建てて供養した。

この和尚とされるのが寛政年間（一七八九〜）に六代住職を務めた了因で、命あるものは人間も動物も同じ、生きとし生けるものすべて阿弥陀仏の慈悲のなかにあり、いっさい平等であると説いた。葬儀には鐘、太鼓、笛、木魚を鳴らす雅楽演奏をし、祭りになると境内には芝居小屋や見せ物小屋が並んだ…と記録に残っている。そんな和尚の思いがこうした話を生み、伝えたのであろう。

野口雨情が地元の教育委員会の文芸講演会に招かれ、この地を訪れたのは大正十二年（一九二三）。郷土にふさわしい童謡を作ってほしいと頼まれて、前述の『證誠寺の狸囃』を読んで作ったのが「證城寺の狸囃」だったのである。

かつて樹木に覆われていたという證誠寺の周辺は、いまは商店街になっていて、證誠寺通りと呼ばれている。

山門をくぐって境内に入ると素晴らしい庭園になっていて、その片隅に「狸塚」が横たわっていた。細長い自然石で、真ん中に「狸」と刻まれている。そばに「證誠寺の狸塚」と書かれた説明板があり、ほぼ次のように記されていた。

タヌキがお腹を叩き破って藪の中で死んでいたのを見つけた和尚さんは、この友達をあわれに思って、ねんごろに葬ってやったのがこの狸塚です。

和尚にとってタヌキは、やはり友だちだったのだ。タヌキの墓前に詣でながら、あらためて了因和尚の崇高なる思想を噛みしめた。

分福茶釜

タヌキが化けた？分福茶釜：茂林寺　群馬県館林市堀工町1570
アクセス：東武伊勢崎線茂林寺前駅歩約10分

命救われた屑屋に恩返し

　こちらは、助けられた子ダヌキが茶釜に化けて恩返ししたというお話。巖谷小波が明治二十八年(一八九五)に発表した『日本昔噺　其拾弐　分福茶釜』により、広く知られた。物語の舞台は上野国館林の茂林寺である。そこにタヌキの墓があるって、本当?

　物語の筋書きはこうだ。一匹の子ダヌキが罠にかかって泣いているのを、通りがかりの屑屋が見つけ、可哀相にと言いながら、縄を解いて逃がしてやった。子ダヌキは恩返しをしようと、ある朝、屑屋さんの家に行き、茶釜に化けてじっと待っていた。

　起きてきた屑屋がそれを見つけて「こんな立派な茶釜が置いてある」と不思議に思いながら、お寺に運んで、和尚に「どうぞお使いください」と差し出した。喜んで受け取った和尚は、屑屋さんが立ち去るとすぐ、茶釜に水を入れて囲炉裏にかけた。驚いたのは茶釜に化けた子ダヌキだ。「アッチッチ」と叫んで茶釜から頭、手足を出して逃げだした。

和尚はびっくりして尻餅をついた。騒ぎに小僧たちが駆けつけたが、子ダヌキはまた茶釜に化けて澄まし顔。気味悪くなった和尚は屑屋に事情を話し、引き取ってもらった。

その夜、屑屋の枕元に子ダヌキが現れ、「先日、助けてもらったご恩返しに、茶釜に化けたのです。私が芸をしますから、見せ物を始めなさい」と言った。

屑屋は見せ物小屋を作り、「さぁ、いらっしゃい。文福茶釜の踊りだよ」とはやし立てた。すると大勢の人たちが集まってきた。子ダヌキは踊ってから、綱渡りの芸を見せた。身振りよろしく渡る姿に、見物人は手を叩いて喜んだ。

見せ物小屋は繁盛し、屑屋はいっぺんに大金持ちになった。「ありがとう。お前のお陰だよ。もう休んでおくれ」と言い、見せ物を辞めて、化けたままの茶釜を改めてお寺に納めた。

文福茶釜のある茂林寺は、群馬県館林市堀工町に建っている。山門をくぐると境内の参道の両脇に、さまざまな姿態の茶釜のタヌキ像が並んでいる。本堂の左手に「守鶴堂」という堂があり、その中に寺宝の分福茶釜が鎮座していた。黒光りしたずっしりした感じの茶釜で、これが子ダヌキが化けた茶釜なのだという。

この寺の『青龍山茂林寺宝物縁起』には、不思議な話が記されている。元亀元年（一五七〇）夏、七世の月舟和尚は同寺内で千人法要を催すことになった。でも千人もの僧侶や信者を接待する湯釜がないので困っていると、守鶴という老役僧がその日になって、どこからか茶釜を運んできて据えつけた。

分福茶釜がある茂林寺の山門

法要が無事に終わり参会者に湯茶が振る舞われたが、茶釜の湯はいくら汲んでも尽きることはなかった。不思議に思った人が守鶴に訊ねると「この茶釜は分福茶釜といって、いくら飲んでも尽きることがない。日本はおろか唐天竺（からてんじく）にも二つとない名器」と答えた。

この守鶴は、茂林寺の初代となる正通が応永三十三年（一四二六）、山中を行脚中に知り合い、守鶴の勧めるまま庵を開いた。その後、青柳城主が館林の地に伽藍を建立して茂林寺とし、正通を

タヌキが化けた？　分福茶釜
（茂林寺：群馬県館林市）

開山とした。守鶴は役僧として住み着いた。すでに七十歳を過ぎていた。

以後、守鶴は代々の僧侶に仕えたとされ、千人法要の時はすでに二百歳を超えていた計算になる。しかし天正十五年（一五八七）二月、十世天南の時、うっかり居眠りをしていてタヌキの正体を現してしまい、「もうここに厄介になっているわけにはいかない」と述べ、飄然と姿を消した。そこには茶釜が残されていた。

それが現存する茶釜というが、いまはこれで茶を沸かすことはない。大切な同寺の寺宝なのである。ということは、この茶釜がタヌキであり、遺体と考えていいのだろうか。実は隣町の邑楽郡邑楽町狸塚の高源寺に、茂林寺以前の守鶴の話が伝えられていて、守鶴が落としていった茶釜の蓋が残っているのだという。街角に建つ交通信号機に書かれた「狸塚」の文字を見ながら、タヌキが主人公だった遠い日の物語の持つ意味を考えた。

忠犬ハチ公の墓：青山霊園　東京都港区南青山2―32―2
アクセス：地下鉄大江戸線、銀座線青山一丁目駅徒歩約8分

忠犬ハチ公

亡き主人待ち続けて

「忠犬ハチ公」といえば東京・渋谷駅前の銅像が有名で、恰好の待ち合わせ場所になっている。このハチ公の墓が、東京都港区の青山霊園に眠る飼い主の墓のそばに建っているのを知ってる？

ハチは秋田県北秋田郡二井田村（現大館市）生まれの秋田犬。東京の飼い主の求めで、大正十三年（一九二四）一月十四日、急行列車の荷物車に乗せられ、二十時間もかかって東京の上野駅に着いた。まだ生まれて二カ月ほどの幼犬だった。

飼い主は東京府豊多摩郡渋谷町（現東京都渋谷区）に住む東京帝大農学部教授の上野英三郎という。愛犬家の英三郎はほかに二頭のイヌを飼っていて、ハチも加わって賑やかになった。

英三郎もことのほかハチを可愛がったので、ハチは毎朝出かける主人を門の前で送っ

たり、最寄り駅の渋谷駅まで送り迎えするようになった。近所の人々はそんな教授とハチの姿を、微笑みながら見守った。

それから一年余り後の大正十四年（一九二五）五月二十一日、英三郎は農学部の教授会の後、突然、脳溢血で倒れた。すぐ病院に運ばれたが、意識が回復しないまま死んだ。ハチは翌日、いつものように飼い主を迎えに渋谷駅に出かけたが、やがてすごすごと戻ってきた。以後ハチは毎日、駅に出かけ、ひたすら主人を待ち続け、この間、何も食べようとしなかった。

葬儀が滞りなく済んだので、教授夫人はハチを日本橋伝馬町の親戚の呉服商に預けた。ところがハチは客に飛びつくなど暴れて手に負えない。浅草の別の家に移したが、渋谷に向かって走りだすなどじっとしていない。やむなく元の上野家に引き取られた。昭和二年（一九二七）秋、ハチは亡き教授宅に出入りしていた代々木字富ケ谷の植木職人に預けられた。だがハチは主人の帰宅時間になると渋谷駅に行き、佇むようになった。駅前で商売をする人たちや通行人は嫌がり、石を投げつけるなどした。邪険に扱われているのを哀れんだ日本犬保存会初代会長の斎藤弘吉は、昭和七年（一九三二）、東京朝日

昭和九年の忠犬ハチ公像の除幕式

新聞に「いとしや老犬物語」の表題で寄稿し、掲載された。

　これによりハチは一躍人気者になり、「忠犬ハチ公」と呼ばれて、可愛がられるようになった。食べ物を持ってくる人も出て、駅もハチが駅舎で寝泊まりするのを許可した。

　ハチ公像を製作しようと、大々的な募金活動が行なわれた。基金をもとに昭和九年四月二十一日、渋谷駅前に「忠犬ハチ公像」が建設され、大勢の人たちが押しかけた。

　その翌十年（一九三五）三月八日朝早く、ハチが渋谷川に架かる稲荷橋近くの路地で死んでいるのが見つかった。十三歳だった。

忠犬ハチ公像
（東京：渋谷駅前ハチ公広場）

渋谷駅では十二日、ハチの告別式を催した。花輪二十五、生花二百が供えられ、香典が十八万円も集まり、手紙、電報が殺到した。亡き教授夫人はじめ大勢の人々が参列し、僧侶十六人が読経するという前代未聞の光景が見られた。

ハチの墓は、青山墓地で眠る英三郎の墓のそばに建てられた。死体は剥製にされて上野の国立科学博物館に、内蔵は臓器標本として東京大学農学資料館に所蔵された。

ハチ公像は戦争が激しくなった昭和十九年（一九四四）秋、金属供出により撤去されたが、その時、ハチ公像は国旗をたすきにして出陣式を行なった。

ハチ公像が再建されたのは、戦後の昭和二十三年（一九四八）夏。像の建つ広場は「ハ

忠犬ハチ公の墓
（上野英三郎の墓の手前：青山霊園　１種ロ６号12側）

チ公広場」と呼ばれ、駅の出口は「ハチ公口」になった。

平成元年（一九八九）夏、駅前広場が拡張された際、中央に置かれていた像が移動され、同時にそれまで北向きだったのが東向きになり、ハチ公の顔が出口に向く形になった。

東京の青山霊園のハチ公の墓を訪ねた。それを示す標柱のそばに、上野英三郎の立派な墓があり、その右手前に小さな祠が置かれていた。これがハチ公の墓である。

亡くなってなお主人に添い続けているようにも見えて、いじらしかった。

猫の恩返し

猫の恩返しの墓：回向院　東京都墨田区両国2―8―10
アクセス：JR総武線両国駅西口徒歩3分

小判くわえて主人のもとに

東京都墨田区両国の回向院で鼠小僧次郎吉の墓を取材していたら、すぐそばに「猫塚」があるのを見つけた。五代目古今亭志ん生の晩年の名作落語「猫の恩返し」の主人公の墓である。ガラスに覆われたあずまやの中に、自然石の立派な墓があり、手前の方に美しい花が置かれていた。

「両国物語　猫の恩返し（猫塚）」と書かれた案内板には、こう書かれている。

猫をたいへん可愛がっていた魚屋が、病気で商売ができなくなり、生活に困窮してしまいます。すると猫がどこからはもなく二両のお金をくわえてきて、魚屋を助けます。

ある日、猫は姿を消し戻ってきません。ある商家で、二両くわえて逃げようとしたところを奉公人に見つかり、殴り殺されたのです。それを知った魚屋は、商家の主人に事情を話したところ、主人も猫の恩に感銘を受け、魚屋とともにその遺体を回向院に葬りました。

以下、この話は江戸時代にいくつかの本に紹介され、江戸っ子の間に広まったこと、本によって人名や地名が異なるが、実在したネコの墓として貴重な文化財といえる旨、記されている。

猫の恩返しの墓（猫塚）
（回向院：東京都墨田区）

回向院の猫塚の原話は、藤岡屋由蔵の『藤岡屋日記』に見える。内容は前述のものとはかなり違うが、落語になったほどだから、なかなか面白い。

江戸の八丁堀に住む棒手振りの金さんは、大晦日に友達に付き合い博打に手を出す。棒手振りとは魚や青物を天秤棒で担いで売り歩く商売を指す。仕入れ金の三両をすってしまい、正月二日の初商売の仕入れもできなくなった金さんは、可愛がっているネコのコマを相手にやけ酒を飲みだす。酔った挙げ句、金をなくしたいきさつを話し、「ネコに小判ってぇいうが、どこかへいって三両の金を都合してこいや」と言い、泥酔し寝てしまう。

明けて元旦の朝、目を覚ますと枕元に小判が三枚置いてある。喜んで飛び起きた金さん、朝湯の帰りに酒を買い、ネコに感謝しながらまた飲みだした。そのうち酔いが回ってきて、ネコに向かい、「コマよ、三両なんていわず、もっとくわえてこいや」と言った。

正月二日、金さんは仕入れた品を堀留の「戌亥」という大店に持っていった。ところが店内はなぜか落ち着きがない。番頭に訊ねると大晦日の夜、小判が三枚なくなったので、何者の仕業かと不審に思っていると、元旦の夜、大きなネコが現れ、タンスの鐶（引手）を口にくわえて必死に開けようとしていた。さては、このネコの仕業だったのか、と店の若い者がネコを棒で叩き殺したという。

金さんが死骸を見せてもらうと、可愛がっていたコマの哀れな姿だった。金さんは「か

「猫の恩返し（猫塚）」の案内板
（回向院）

ぎっしり立ち並ぶイヌ、ネコの卒塔婆
（回向院）

んべんしてくれ」と泣き崩れた。事情を知った「戌亥」の主人は感心し、「回向院に葬っておやり」と言い、五両を金さんに手渡した。金さんは早速、回向院を訪れ、ネコの墓を建てた。それからというもの、酒も博打もやめて、仕事に精を出し、やがて大店を構えるほどになった。その店を誰いうとなく「猫金」と呼び、繁盛したという。

ネコの墓「猫塚」が建立されたのは大正十三年（一八一六）である。「猫金」は明治時代まで営業していたというから、遺族なり末裔なりが建てたのであろう。人間の墓と見まごう立派なものである。

驚いたことに「猫塚」の左側に、後年建てられた新しい「猫塚」があり、現代のペットブームを象徴するように、ペットの卒塔婆がぎっしり立っていた。ネコだけでなくイヌの卒塔婆、小鳥供養塔、動物慰霊塔のほか、イヌ、ネコの像まで建っていて、可愛がっていた動物の墓所になっているのだった。

「クロ、チビの墓　志主〇〇家」などと書かれた卒塔婆の列を眺めながら、飼い主が小動物の存在に癒され、死後もその霊を供養している現実に、圧倒される思いだった。

墓から夢幻の世界が見える～あとがきにかえて

この本を読んで、さまざまな感想を抱いたであろうと推察している。ぜひこの人物の墓前に実際に立ってみよう、と思いたった方もおられよう。

私自身の話をするなら、墓前に佇むと、その人物が活躍した時代、それは実際は小説を読んだり、映像を見たりして出来上がった偶像に過ぎないのだが、その人物がその時代の垣根から飛び出して、何かを語りかけてくるような気持ちになるのである。

この本を書こうとしたのは、ちょっとした雑談からである。『日本人の死に際』（小学館刊）、『幕末群像の墓を巡る』（青弓社刊）や『北の墓・歴史と人物を訪ねて』上下（柏艪社刊）を取材、執筆するなかで、しばしば思いがけない墓の存在を知り、このまま放っておいていいのか、という思いにかられた。それを、ある出版社の編集者に話をしたら、「面白いですね。やりましょう」と答えたのである。編集者というのは作家をうまくリードするものだが、最近は本が売れない時代になり、そう簡単ではない。それだけに本気になって始めた。

膨大な候補の中から六十ほどに絞り込み、取材を開始した。できるだけ動きやすいように取材計画を立てて、順番に走破していく方法を取った。以前、取材したところもあったので、これも用いることにした。

東京都内の写真取材は、東京在住の盟友、下山光雄さんにお願いした。彼は東京を熟知しているので、こちらから連絡すると、その日のうちに現場へ走り、写真を撮影し、情報を寄せてくれる。お陰で執筆は大いにはかどった。

千葉や群馬など東京近郊の取材は、レンタカーで回った。それもできない箇所は手分けして飛行機や新幹線で飛び回った。一緒に取材して回るレンタカーの旅は、最高に豊かな気分だった。たとえば国定忠治が関所破りをして処刑された大戸関所跡は、現在、関所が再現されていて、その先の町並みが昔の宿場町の雰囲気を醸しだしている。大勢の観光客が行き来していて、目を奪われた。

黄門さまの出身地である水戸市の黄門人気は別格で、ＪＲ水戸駅前には、黄門と助さん、格さんの銅像が建っている。安寿と逗子王丸が人買いにさらわれた京都府宮津市には「安寿の里もみぢ公園」があり、天草の乱の戦闘の舞台となった原城跡には天草四郎像が建っていて、その歴史を伝えている。

一心太助に大岡越前、鼠小僧次郎吉に石川五右衛門、八百屋お七に紀伊国屋文左衛門、首斬り浅右衛門……、その墓の一つ一つの墓参りはそれぞれに思い出があるが、いささか驚いたのは平手酒造の墓の隣に建つ親分の墓。なんと墓前に賭博のサイコロをもじった石碑が置かれていた。もっと驚いたのは宮城県二本松市の安達ケ原の鬼婆の住処。このあたり一帯が「安達ケ原公園」として整備されていて、鬼婆の住処が最大の見どころだが、墓前に立った時は少なからず足が震えた。

絶対にあるはずがない人物の墓に詣でた時は、思わず、うーむと唸ってしまった。キリスト、卑弥呼、そして天女…。本当なの？　と疑問を投げかけてから、そうむきになることもあるまい、と思い直した。因幡の白ウサギの墓も、證誠寺のタヌキの墓も、ちゃんとあるのだから。

墓には、建てた人の思いが込められている。そこに立つと、遥か夢幻の世界が見えてくるように思う。

表紙をはじめ第一章から第八章に至る各章の扉の挿し絵は、ここでも盟友の下山光雄さんにお願いした。巧みな技法で描かれた挿し絵が文章をあでやかに包み込んでくれた。
最後に、この著書の出版について触れておきたい。出版を考えていた出版社がその後、あえなく倒産し、計画は白紙に戻ってしまい、原稿は長い間、部屋の書棚の片隅に置かれていた。事情を知った北海道出版企画センターの野澤緯三男社長が、著者の心情を察してくれてか、出版を引き受けてくれ、やっと陽の目を見ることになった。心から感謝申し上げたい。

著　者

取材協力者

水野俊平（北海道札幌市）／安達利隆（京都府中郡峰山町）／安立富美子（兵庫県西宮市）／和田史世（鳥取県倉吉市）／野田住吉神社（大阪府大阪市西淀川区）／彦根市教育委員会、倉吉観光マイス協会（鳥取県）／京都府加佐郡大江町／奈良県北葛城郡広稜町／新潟県佐渡市相川町／祇王寺（京都市）／浦嶋神社（京都府伊根町）／白兎神社（鳥取県鳥取市白兎）／穂高神社（長野県南安曇郡穂高町）／吉備津神社（岡山県岡山市吉備津）／桃太郎神社（香川県高松市鬼無）／住吉大社（大阪府大阪市住吉区）／珍蔵寺（山形県南陽市）／證誠寺（千葉県木更津市）／茂林寺（群馬県館林市）／如意寺（京都府宮津市）／光徳寺（熊本県八代市）／二尊院（山口県油谷町）／浄生寺（北海道苫小牧市）

参考文献

子母沢寛『遊侠奇伝』民友社　昭和五年
坂本辰之助『芝居と史実』東照堂　昭和二十二年
日本放送協会『物語の女性』桑名文屋堂　昭和二十九年
綿谷雪『日本武芸小伝』人物往来社　昭和三十六年
尾崎秀樹『殺しの美学』三一新書　昭和三十六年
『三田村鳶魚全集』全28巻　中央公論社　昭和五十～五十八年

原田伴彦「石川五衛門」、日本史人物夜話　時事通信社　昭和四十八年
真鍋元之編『大衆文学事典』青蛙房　昭和四十一年
真鍋元之『正義の味方』毎日新聞社　昭和四十四年
『福島県史』福島県　昭和四十四年
今川徳三『考証天保水滸伝』新人物往来社　昭和四十七年
繁田健太郎『江戸史跡考証事典』新人物往来社　昭和四十九年
大島建彦『御伽草子集』小学館　昭和四十九年
『日本昔話大成』角川書店　昭和五十三年
田口守「竹取物語と中世竹取翁伝説」、『中古文学』23号　中古文学会　昭和五十四年
重松明久『浦島子伝』古典文庫　昭和五十六年
乾克己ほか編『日本伝奇伝説大事典』角川書店　昭和六十一年
『二本松市史』二本松市　平成一年
高橋敏『国定忠次の時代』平凡社　平成三年
滝沢馬琴『南総里見八犬伝』一～一〇　岩波書店　平成二年
達志保『徐福伝説考』一季出版　平成二年
縄田一男『時代小説十二人のヒーロー』新潮社　平成二年
山田現阿『絵巻酒呑童子』考古堂　平成六年

合田一道『日本の奇祭』青弓社　平成八年
『かぐや姫のまち・広稜』広稜町商工振興課　平成九年
柿沼美浩『ぶんぶくちゃがま』永田書店　平成十一年
合田一道『日本昔ばなしの裏話』扶桑社　平成十三年
水野俊平『日韓偽史ワールド』小学館　平成十八年
千葉市美術館『文明開化の錦絵新聞』図書刊行会　平成二十年

著者略歴

合田　一道（ごうだ　いちどう）

昭和９年（1934）北海道上砂川町生まれ。佛教大卒。北海道新聞社に入社し、事件担当記者のかたわらノンフィクション作品を執筆。平成６年退社し、札幌大学講師などをしながら執筆を継続する。主な作品は『流氷の海に女工節が聴える』（新潮社）、『裂けた岬』（恒友出版）、『日本の奇祭』（青弓社）、『日本史の現場検証』１、２（扶桑社）、『大君の刀〜ブリュネが持ち帰った日本刀の謎』（北海道新聞社）、『小杉雅之進が描いた箱館戦争』（北海道出版企画センター）、『松浦武四郎　北の大地に立つ』（同）、『北の墓』上下（柏艪舎）、『日本人の遺書』（藤原書店）、『古文書に見る榎本武揚』（同）など多数。札幌市在住。

表紙、本文イラスト

下山　光雄（しもやま　みつお）

昭和25年（1950）北海道生まれ。北海学園大卒。画家、フリーターとして活躍。著書に『さくら貝の歌』（真狩村）、『民謡と歌謡曲の頂点に　三橋美智也の生涯』（北海道科学文化協会）、『「リンゴの唄」の作曲家　万城目正の生涯』（同）がある。東京都在住。

お墓からの招待状
—怪異・珍奇・面白墓めぐり—

発　行　2017年11月15日
著　者　合　田　一　道
発行者　野　澤　緯　三　男
発行所　北海道出版企画センター
〒001-0018 札幌市北区北18条西6丁目2-47
電　話　011-737-1755　FAX　011-737-4007
振　替　02970-6-16677　URL　http://www.h-ppc.com/
印刷所　㈱北海道機関紙印刷所

ISBN978-4-8328-1705-0